Monja Reichert

In bocca al lupo!

DIE WICHTIGSTEN REDEWENDUNGEN

Buch mit Audios online

Hueber Verlag

Umschlagfoto: Sieveking · Agentur für Kommunikation, München unter Verwendung von © Thinkstock/iStock/Sergej57

Zeichnungen: Martin Guhl, Stein am Rhein, Schweiz

Ein kostenloser MP3-Download zu diesem Buch ist unter **www.hueber.de/audioservice** erhältlich.

Sprecher: Crock Krumbiegel, Valentina Codevilla
Produktion: Tonstudio Langer, 85375 Neufahrn, Deutschland

„In bocca al lupo!" basiert auf „Ich versteh nur Bahnhof! Deutsch – Italienisch" (ISBN 978–3–19–107894–2), das um Übungen erweitert wurde.

Autorin und Verlag danken Herrn Gianluca Pedrotti für die Erstellung der Übungen.

3. 2. 1. | Die letzten Ziffern
2023 22 21 20 19 | bezeichnen Zahl und Jahr des Druckes.
Alle Drucke dieser Auflage können, da unverändert, nebeneinander benutzt werden.
1. Auflage

Umschlaggestaltung: Sieveking · Agentur für Kommunikation, München
Layout und Satz: Sieveking · Agentur für Kommunikation, München
Verlagsredaktion: Jürgen Frank, Hueber Verlag, München
Druck und Bindung: Friedrich Pustet GmbH & Co. KG, Regensburg
Printed in Germany
ISBN 978–3–19–157894–7

Art. 530_26222_001_01

Vorwort

Idiomatische Redewendungen machen eine Sprache lebendig und jeder von uns benutzt sie tagtäglich. Mit den Redewendungen in diesem Buch kommen Sie der Sprache Ihrer italienischen Gesprächspartner näher. Dabei werden Sie entdecken, dass man für einige idiomatische Ausdrücke ein und dasselbe Wort im Italienischen und im Deutschen verwendet. So ist eine Sache auch für einen Italiener *né carne né pesce* („weder Fisch noch Fleisch").

Interessant ist aber auch festzustellen, dass jemand für einen Deutschsprachigen „hässlich wie die Nacht" ist, während er in Italien *brutto come la fame* („hässlich wie der Hunger") ist, oder der Deutschsprachige „das Handtuch wirft", der Italiener hingegen „den Schwamm". Noch spannender wird es bei Ausdrücken, die sich in beiden Sprachen völlig unterscheiden. So schlägt ein Deutschsprachiger „zwei Fliegen mit einer Klappe", während ein Italiener „zwei Tauben mit einer Saubohne fängt". Unerfahrene Menschen sind für Deutschsprachige „grün hinter den Ohren", für Italiener haben sie noch „den Mund mit Milch bekleckert".

In bocca al lupo! (Viel Glück! / Hals- und Beinbruch!, wörtlich: Dem Wolf ins Maul!) enthält in alphabetischer Reihenfolge ausgehend von der deutschen Entsprechung etwa 500 solcher Redewendungen mit Anwendungsbeispielen. Zum besseren Verständnis sind viele Übersetzungen mit Abkürzungen versehen wie: (prov.) Sprichwort, (volg.) vulgär, (bibl.) biblischen Ursprungs, (antiq.) veraltet, (pop.) umgangssprachlich, (franc.) französisch. Das Kürzel qc. (*qualcosa*) steht für „etwas", *qn.* (*qualcuno*) für „jemand". Achten Sie außerdem auf F(alsche) F(reunde).

Sämtliche Redewendungen, Übersetzungen und Beispielsätze in diesem Buch sind als MP3-Dateien, die Sie kostenlos downloaden können, vertont. Das Symbol ▶ zeigt an, wo ein neuer MP3-Track beginnt.

Im Anschluss an die Redewendungen folgen Übungen (mit Lösungen), in denen Sie den richtigen Gebrauch trainieren können.

Ich hoffe, dass dieses Buch Italienliebhabern hilft, die italienische Sprache besser zu verstehen und ihnen Mut macht, einige dieser Ausdrücke im Gespräch zu verwenden.

Monja Reichert

Inhaltsverzeichnis

A

1 **A • Wer A sagt, muss auch B sagen. (prov)**
Quando si è in ballo bisogna ballare. (prov.) / Non fermarsi a metà strada. / Non fermarsi a metà dell'opera.

abgebrannt • abgebrannt sein
essere al verde (pop.) / a secco (pop.) / all'asciutto (pop.) / in bolletta (pop.), non avere il becco (pop.) / l'ombra di un quattrino (pop.), essere a corto di denaro (pop.)
▸ Quest'anno non andrò in vacanza, sono completamente al verde e devo rimanere a casa.

abgebrüht • abgebrüht sein
gerissen sein: essere un furbacchione (pop.) / volpone (pop.)
▸ E' un vero volpone, è riuscito a marinare la scuola per due settimane senza che i suoi genitori se ne accorgessero.
gleichgültig / kalt sein: non fare né caldo né freddo
▸ Anche se gli dici le cose in faccia, non gli fa né caldo né freddo, è una persona totalmente insensibile.

abnehmen • Das nehme ich dir nicht ab!
Questa non la bevo! (pop.) / Questa non me la dai a bere! (pop.)
▸ Anche se mi racconti questa storia mille volte, non la bevo!

abschminken • Das kannst du dir abschminken!
Te lo puoi scordare! (pop.), Cavatelo dalla testa! (pop.)
▸ Cavatelo dalla testa che ti venga a prendere. Sono le tre del mattino!

Adamskostüm • im Adamskostüm sein
essere come mamma l'ha fatto / in costume adamitico / nudo come un verme (pop.)
▸ Sono entrata per fargli una sorpresa e l'ho trovato come mamma l'ha fatto.

Ader • eine Ader für etwas haben
essere nato / portato per qc.
▸ Quella ragazza è nata per la danza.

Affäre • sich aus der Affäre ziehen
tirarsi fuori da un imbroglio, levarsi dagli impicci
▸ Quando si rese conto della gravità della situazione, cercò subito di tirarsi fuori da quell'imbroglio.

allzu viel • Allzu viel ist ungesund.
Il troppo stroppia. (prov.)

Amen • Das ist so sicher wie das Amen in der Kirche.
È sicuro com'è vero che sono qui adesso. (pop.) / È sicuro come la messa alla domenica. (pop.) / È sicuro come due più due fanno quattro. (pop.)

anbrennen • nichts anbrennen lassen
non lasciarsi sfuggire niente, non perdersi nulla
▸ Andarono a quella festa fermamente intenzionati a divertirsi e a non lasciarsi sfuggire niente.

Angelegenheiten • sich um seine eigenen Angelegenheiten 2
kümmern
farsi gli affari propri
▸ Perché mi fai tutte queste domande? Fatti gli affari tuoi!

angewurzelt • wie angewurzelt stehen
rimanere impietriti / paralizzati / di stucco
▸ Quando la terra cominciò a tremare rimase impietrito sulla soglia, incapace di reagire.

Angst und Bange • es wird einem Angst und Bange
avere fifa (pop.) / una fifa blu (pop.) / la tremarella (pop.), farsela sotto dalla paura (pop.)
▸ Se guarda un film dell'orrore è possibile che se la faccia sotto dalla paura!

Angsthase
coniglio (pop.), fifone (pop.)
▸ Sei proprio un fifone se hai paura anche di farti fare un'iniezione!

Apfel • in den sauren Apfel beißen (müssen)
(dover) inghiottire / ingoiare una pillola amara (pop.), far buon viso a cattivo gioco (pop.)
▸ Non avrebbe voluto rinunciare a quella vacanza, ma dovette fare buon viso a cattivo gioco.

Apfel • Der Apfel fällt nicht weit vom Stamm. (prov)
Tale il padre, tale il figlio. (prov.) / Buon sangue non mente. (prov.)

Apfel • für n'Appel und n'Ei
per quattro soldi (pop.) / due lire (pop.) / un pezzo di pane (pop.) / una sciocchezza (pop.)
▸ Comprò quel bellissimo armadio al mercatino per quattro soldi.

April • jmd in den April schicken
fare un pesce d'aprile a qn. (pop.)
▸ Gli hanno fatto un pesce d'aprile dicendogli che c'era lo sciopero dei treni e che non poteva partire.

Arbeit • Erst die Arbeit, dann das Vergnügen. (prov)
Prima il dovere, poi il piacere. (prov.)

Arm • jmd auf den Arm nehmen

prendere in giro qn. (pop.), prendersi gioco di qn. (pop.), farsi beffe di qn. (antiq.), prendere per il naso (pop.)

▸ Quando lei piangeva per ogni scena commovente del film, tutti la prendevano in giro.

Arme • jmd unter die Arme greifen

dare una mano a qn.

▸ I veri amici sono sempre pronti a dare una mano.

Ärmel • die Ärmel hochkrempeln

mettersi al lavoro di buona lena (pop.), rimboccarsi le maniche (pop.), darci dentro (pop.)

▸ Se vogliamo finire il lavoro in tempo dobbiamo rimboccarci le maniche.

Arsch • sich den Arsch aufreißen

farsi il culo (volg) / il mazzo (volg.) / un mazzo così (volg.)

▸ Per mettere insieme i soldi per quella vacanza si è fatto un mazzo così lavorando tutta l'estate.

Arschkriecher • ein Arschkriecher sein

leccare i piedi a qn. (pop.), fare il leccapiedi (pop.) / ruffiano (pop.) / leccaculo (volg.)

▸ Per avere dei bei voti ha sempre fatto il ruffiano con gli insegnanti.

Auge • Aus den Augen, aus dem Sinn. (prov) 3

Lontano dagli occhi, lontano dal cuore. (prov.) / Occhio non vede, cuore non duole. (prov.)

Auge • mit einem blauen Auge davonkommen

scamparla bella (pop.), cavarsela con poco (pop.)

▸ È stato un brutto incidente, ma per fortuna se l'è cavata con poco, solo qualche graffio.

Auge • ein Auge zudrücken

chiudere un occhio, farla passare liscia a qn. (pop.)

▸ La polizia chiude spesso un occhio quando si tratta di multare un turista straniero.

Auge • kein Auge zutun

non chiudere occhio

▸ Il mal di denti non mi ha fatto chiudere occhio tutta la notte.

Augen • unter vier Augen

a quattr'occhi (pop.), a tu per tu (pop.)

▸ Vorrei parlare con te, a quattr'occhi, di una faccenda delicata.

Augen • jmd schöne Augen machen

fare l'occhio languido / di triglia a qn., fare gli occhi dolci a qn. (pop.)

▸ Lui le fa sempre gli occhi dolci, ma lei non si lascia commuovere e nemmeno lo saluta.

Augen • aus den Augen verlieren

perdere di vista

▸ Non la vedo più da anni, dopo l'università ci siamo perse di vista.

August • den dummen August spielen

fare il pagliaccio (pop.) / buffone (pop.)

▸ Quando ha bevuto un bicchiere di troppo, fa sempre il buffone.

ausbaden • etwas ausbaden müssen

pagare le conseguenze / il fio / lo scotto di qc.

▸ Ci ha cacciati in un bel pasticcio, ora dobbiamo pagarne lo scotto.

ausbrüten

covare qc.

▸ I ragazzi stavano covando qualcosa per vendicarsi della loro insegnante.

Ausnahme • Ausnahmen bestätigen die Regel. (prov)

L'eccezione conferma la regola. (prov.)

auspacken • auspacken (mit der Sprache herauskommen)

vuotare il sacco (pop.), cantare (pop.), sfilare il rosario (pop.)

▸ Il ladro ha vuotato il sacco e ha confessato i nomi dei complici.

Ausrede • nie um eine Ausrede verlegen sein

avere sempre una scusa pronta

▸ I bambini hanno sempre una scusa pronta quando non vogliono andare a letto.

B Bahnhof

4 **Bahnhof • nur Bahnhof verstehen**

non capire un'acca (pop.) / un tubo (pop.)

▸ Non ho capito un'acca di quello che ha detto.

Bände • Sein Gesicht sprach Bände.

La sua faccia dice tutto. (pop.)

▸ Antonio non ha avuto bisogno di mentire perchè la sua faccia diceva già tutto.

Bank • etwas auf die lange Bank schieben

tirare qc. per le lunghe (pop.)

▸ Ho tirato tanto per le lunghe quel lavoro finché è diventato troppo tardi.

Bärenhunger • einen Bärenhunger haben

avere una fame da lupi (pop.), non vederci più dalla fame (pop.)

▸ Da piccola passavo intere giornate al mare. Quando tornavo a casa ero stanchissima e avevo una fame da lupi.

Baum • zwischen Baum und Borke stehen

essere fra due fuochi (pop.) / fra incudine e martello (pop.)

▸ Sua moglie vuole una vacanza tranquilla e gli amici l'hanno invitato per un Safari, è veramente fra due fuochi perché vorrebbe andare con gli amici, ma non vuole deludere la moglie.

Becher • zu tief in den Becher geguckt haben

aver alzato il gomito (pop.)

▶ Ieri sera abbiamo alzato tutti il gomito alla festa e stamattina ho un mal di testa feroce.

Bein • sich kein Bein ausreißen

prendersela comoda (pop.)

▶ Nonostante sapesse che il lavoro era urgente se l'è presa comoda e ha dormito tutto il giorno.

Bein • mit dem falschen / verkehrten Bein aufgestanden sein

svegliarsi con la luna di traverso (pop.)

▶ Credo proprio che tu sia di cattivo umore oggi! Ti sei svegliato con la luna di traverso?

Bein • jmd ein Bein stellen

fare lo sgambetto a qn. (pop.)

▶ Pensava di diventare direttore della banca, ma l'ultimo arrivato gli ha fatto lo sgambetto e lo è diventato al posto suo.

Beine • die Beine in die Hand nehmen

darsela a gambe (pop.), tagliare la corda (pop.), alzare i tacchi (pop.), darsi alla fuga (pop.), fuggire a gambe levate (pop.), mettersi le gambe in spalla (pop.), svignarsela (pop.)

▶ Quando hanno visto arrivare la polizia, i ladri hanno subito tagliato la corda e sono spariti nel buio.

Beispiel • mit gutem Beispiel vorangehen

dare il buon esempio

▶ I genitori dovrebbero dare sempre il buon esempio.

5 **Berg • über den Berg sein**

aver superato il peggio

▸ Possiamo andarla a trovare in ospedale, ormai ha superato il peggio e non è più nel reparto di terapia intensiva.

Bescherung • Eine schöne Bescherung!

È un bel pasticcio!

besser • Besser spät als nie. (prov)

Meglio tardi che mai. (prov.)

Bildfläche • von der Bildfläche verschwinden

sparire nel nulla (pop.)

▸ L'ho cercata per ore, ma sembrava essere sparita nel nulla.

Bindfäden • Es regnet Bindfäden.

Piove a catinelle. (pop.)

▸ È agosto, ma sono quasi tre settimane che piove a catinelle. Non ne posso più!

Blatt • Das Blatt hat sich gewendet.

Il vento è cambiato.

Blatt • kein Blatt vor den Mund nehmen

non avere peli sulla lingua (pop.)

▸ Il mio ragazzo non ha peli sulla lingua, dice sempre ciò che pensa, anche se in certe situazioni non sarebbe il caso.

blechen • blechen müssen

dover sborsare (pop.)

▸ È una bellissima macchina, ma ho dovuto sborsare una montagna di soldi per comprarla.

Blick • einen Blick hinter die Kulissen werfen

dare un'occhiata dietro le quinte

▸ La vita delle star del cinema non è così affascinante come sembra, basterebbe dare un'occhiata dietro le quinte per accorgersene.

Blick • keines Blickes würdigen

non degnare qn. di uno sguardo

▸ Appena scoprirà che in realtà non hai un soldo, Alessandra non ti degnerà più di uno sguardo.

Blitzesschnelle • in Blitzesschnelle 6

in un lampo (Verbreitung einer Nachricht usw.) (pop.)

▸ La notizia del suo arrivo si diffuse in un lampo nel quartiere e organizzarono subito una festa di benvenuto.

Blöße • sich keine Blöße geben

non fare una figuraccia (pop.) / brutta figura (pop.)

▸ Poiché non si sentiva all'altezza del compito, mandò un collega al suo posto per non fare una figuraccia.

Blut • Nur ruhig Blut!

Calma e sangue freddo! (pop.)

Bogen • den Bogen überspannen

tirare troppo la corda (pop.)

▸ Ha tirato troppo la corda con le sue insistenze ed ora tutti sono in collera con lui.

Bogen • einen großen Bogen um jmd machen

girare alla larga da qn. (pop.)

▸ Quando vedo delle brutte facce davanti a quel bar giro alla larga.

Boot • in einem Boot sitzen

stare sulla / nella stessa barca (pop.)

▸ È inutile litigare fra noi, tanto stiamo tutti nella stessa barca.

Braten • den Braten riechen

mangiare la foglia (pop.), aver sentore di qc.

▸ Non c'è bisogno che ti nascondi davanti ai tuoi genitori, tanto ormai hanno mangiato la foglia e sanno benissimo che hai lasciato il lavoro.

Brocken • ein harter Brocken sein

essere un osso duro (pop.)

▸ L'esame di matematica è un osso duro e dovrò studiare giorno e notte per superarlo.

Brot • sein Brot (seine Brötchen) verdienen

guadagnarsi il pane (pop.)

▸ Ha cominciato a guadagnarsi il pane quando aveva solo 18 anni.

Bude • die Bude auf den Kopf stellen

rivoltare la casa, mettere sottosopra / a soqquadro la casa

▸ Per trovare le chiavi della macchina ho dovuto mettere sottosopra tutta la casa.

Chorknabe • kein Chorknabe sein 7

non essere uno stinco di santo (pop.)

▸ A vederlo sembra un ragazzo tanto bravo, ma non è uno stinco di santo, so che non se ne lascia scappare una.

Creme • die Creme der Gesellschaft

il fior fiore (pop.), la crème de la crème (franc.)

▸ Alla festa della duchessa c'era il fior fiore di tutto il paese.

8 Dachschaden • einen Dachschaden haben

non avere il cervello a posto (pop.), essere un po' tocco (pop.), non avere tutte le rotelle a posto (pop.), avere una rotella fuori posto (pop.), non esserci con la testa (pop.), essere fuori di testa (pop.)

▸ La nostra nuova vicina è simpatica, ma credo che sia un po' tocca, parla sempre da sola.

Daumen • Däumchen drehen

girare i pollici (pop.), starsene con le mani in mano (pop.)

▸ Non startene lì con le mani in mano, aiutami a mettere a posto la spesa.

Daumen • den grünen Daumen haben

avere il pollice verde (pop.)

▸ Tutta la sua casa è piena di piante, deve avere il pollice verde.

Daumen • die Daumen halten (drücken)

incrociare le dita (pop.)

▸ Domani Anna ha l'esame di guida, incrociamo le dita e speriamo che lo superi.

Daumen • über den Daumen peilen

ad occhio e croce (pop.)

▸ Non so precisamente quanti chilometri manchino fino a casa, ma ad occhio e croce direi che sono un centinaio.

Decke • an die Decke gehen

andare su tutte le furie (pop.)

▸ Quando ha scoperto che suo figlio aveva fatto un graffio alla macchina, è andato su tutte le furie.

Decke • vor Freude an die Decke springen

fare salti di gioia (pop.), toccare il cielo con un dito (pop.)

▸ Quando ho saputo che mia sorella era incinta ho fatto i salti di gioia.

Decke • unter einer Decke stecken

fare comunella (pop.) / combutta con qn., intendersela con qn.

▸ Dopo l'interrogatorio la polizia ha scoperto che il negoziante aveva fatto comunella con i ladri del furto al suo negozio.

dick • dick auftragen

spararle grosse (pop.)

▸ Quella volta la sparò veramente grossa raccontandoci di esser stato un famoso calciatore degli anni 50.

Dickkopf • einen Dickkopf haben

avere la testa dura (pop.), essere testardo (pop.)

▸ Ha la testa dura, non riesco a fargli cambiare idea.

Ding • Gut Ding will Weile haben. (prov)

Bisogna dar tempo al tempo. (prov.) / Roma non fu costruita in un giorno. (prov.)

Dinge • Da geht etwas nicht mit rechten Dingen zu.

Gatta ci cova. (pop.)

▸ È stato assunto un anno fa in questa banca ed è già direttore; per me gatta ci cova.

Dingsbums

coso (pop.)

▸ Dammi quel ... eh ... coso, per tagliare la frutta.

9 **Dreck • Dreck am Stecken haben**

avere uno scheletro nell'armadio (pop.)

▸ Non parla mai della sua famiglia e del suo passato, credo che abbia più di uno scheletro nell'armadio.

Dreck • sich einen Dreck um etwas scheren

infischiarsene di qc. (pop.), fregarsene di qc. (volg.)

▸ Molti lo disprezzano, ma lui se ne frega dell'opinione degli altri.

drei • aussehen, als ob man nicht bis drei zählen kann

avere l'aria poco sveglia (pop.)

▸ Non mi piace molto il nuovo ragazzo di Rita, ha l'aria poco sveglia e lei è una persona così intelligente.

Drücker • auf den letzten Drücker

all'ultimo minuto

▸ Irene fa sempre tutto all'ultimo minuto e rischia tutte le mattine di perdere l'autobus.

dumm • sich nicht für dumm verkaufen lassen

non farsi prendere in giro (pop.)

▸ La turista non si è fatta prendere in giro dal venditore ambulante, sapeva benissimo che quella borsa era un'imitazione.

dunkel • im Dunkeln tappen

brancolare nel buio (pop.)

▸ È passata una settimana da quando è successo l'omicidio, ma la polizia brancola ancora nel buio.

dünn • sich dünn(e) machen

tagliare la corda (pop.), togliersi di mezzo (pop.), alzare i tacchi (pop.)

▸ Quando ho capito che avrebbero discusso tutta la sera del mio lavoro, ho tagliato la corda.

Dunst • keinen blassen Dunst haben

non avere la più pallida idea (pop.)

▸ Non ho la più pallida idea di come far funzionare la nuova lavatrice! Dove sono le istruzioni d'uso?

durchfüttern • sich von jdm durchfüttern lassen

farsi mantenere da qn., vivere alle spalle di qn. (pop.)

▸ Ha quarant'anni, ma vive ancora alle spalle dei genitori.

durchmachen • viel durchmachen müssen

doverne passare di tutti i colori

▸ Valentina è una ragazza molto giovane, ma ne ha già passate di tutti i colori.

10 **Ecke • jmd um die Ecke bringen**

far fuori (pop.) / secco qn. (pop.), togliere di mezzo qn. (pop.), freddare qn. (pop.)

▸ Nella malavita se non si rispettano le regole, si viene fatti fuori.

Ei • sich gleichen wie ein Ei dem anderen

assomigliarsi come due gocce d'acqua (pop.)

▸ Lei e sua madre si assomigliano come due gocce d'acqua.

Eier • sich um ungelegte Eier kümmern

fasciarsi il capo prima di romperselo (pop.)

▸ È inutile fasciarsi il capo prima di romperselo, tanto non cambia nulla.

Eimer • im Eimer sein

kaputt: **essere rotto / andato**

▸ Mi sa che la tivù è andata, ma non posso lamentarmi, ha funzionato per più di 15 anni.

ein • nicht ein noch aus wissen

non sapere dove sbattere la testa (pop.)

▸ La situazione è così catastrofica che non sappiamo dove sbattere la testa.

Eindruck • Eindruck schinden

far colpo (pop.) / bella figura (pop.)

▸ Si è comprata un vestito nuovo per andare alla festa, perché vuole fare colpo.

Eis • das Eis brechen

rompere il ghiaccio (pop.)

▸ Dopo aver passato tutto il fine settimana insieme, hanno rotto il ghiaccio e adesso sono diventati grandi amici.

Eis • etwas auf Eis legen

mettere qc. da parte / accantonare qc.

▸ Mia sorella ha dovuto mettere da parte il suo sogno di fare un viaggio in America, perché ha scoperto di essere incinta.

Eisenbahn • Es ist höchste Eisenbahn. 11

Il tempo stringe. (pop.)

▸ No, non posso andare al cinema, devo finire il lavoro, il tempo stringe.

Elefant • sich wie ein Elefant im Porzellanladen benehmen

comportarsi / muoversi come un elefante fra le porcellane (pop.)

▸ Cercava di danzare in modo elegante, ma sembrava un elefante fra le porcellane.

Ende • Ende gut, alles gut. (prov)

Tutto è bene quel che finisce bene. (prov.)

Ende • Das dicke Ende kommt noch.

Il bello / peggio deve ancora venire. (pop.)

Erdboden • dem Erdboden gleichmachen

radere al suolo

▸ Hanno raso al suolo migliaia di alberi nella foresta dell'Amazzonia.

Esel • störrisch wie ein Esel sein

essere testardo come un mulo (pop.)

▸ Mia sorella è testarda come un mulo, non mi dà mai retta.

Espenlaub • zittern wie Espenlaub

tremare come una foglia (pop.)

▸ Mentre mi raccontava cos'era successo, tremava come una foglia.

Eulen • Eulen nach Athen tragen

portare nottole ad Atene (pop.) / acqua al mare (pop.) / legna al bosco (pop.)

▸ Regalare un libro a Roberta è come portare acqua al mare, visto che è bibliotecaria.

12

Faden • ein roter Faden

il filo conduttore

▸ Il filo conduttore del libro è molto chiaro e facile da seguire.

Faden • keinen trockenen Faden am Leib haben

essere bagnato fradicio (pop.) / fino alle ossa (pop.)

▸ Pioveva tanto forte che sono tornato a casa bagnato fradicio.

fallen • jmd fallen lassen

abbandonare / piantare in asso qn. (pop.)

▸ Ha piantato in asso marito e figli e se n'è andata con il suo giovane amante.

Fass • ein Fass ohne Boden

una botte senza fondo (pop.)

▸ Non finiamo più di spendere soldi per restaurare questa casa; è una botte senza fondo.

Faust • Das passt wie die Faust aufs Auge.

È un pugno in un occhio. (pop.) / C'entra come i cavoli a merenda. (pop.)

faustdick • es faustdick hinter den Ohren haben

saperne una più del diavolo (pop.)

▸ Devi fare attenzione con quell'uomo perché ne sa una più del diavolo.

Federn • Federn lassen müssen

lasciarci le penne (pop.), uscirne danneggiato

▸ È stata una lotta accanita fra i due partiti e sono stati i laburisti a lasciarci le penne.

Feld • das Feld räumen

cedere il campo (pop.)

▸ Il presidente è così vecchio che sarebbe meglio se cedesse il campo al suo successore.

Fell • ein dickes Fell haben

avere la pelle (pop.) / scorza (pop.) dura

▸ Non avere paura a dirgli la verità, perché ha la pelle dura e riuscirà a sopportarlo.

Felle • all seine Felle davonschwimmen sehen

vedere tutti i propri progetti andare in fumo (pop.)

▸ Tutti i suoi progetti sono andati in fumo quando la sua ditta è fallita.

Fettnäpfchen • ins Fettnäpfchen treten

fare una gaffe (pop.)

▸ Ho fatto proprio una gaffe quando le ho chiesto se era incinta! Era solo ingrassata di qualche chilo.

Feuer • mit dem Feuer spielen

scherzare con il fuoco (pop.)

▸ È meglio non scherzare con il fuoco se non si vuol rimanere scottati.

Finger • keinen Finger krumm machen

non muovere / alzare un dito (pop.), starsene con le mani in mano (pop.)

▸ I miei figli non muovono un dito in casa. Vengono solo per mangiare e per dormire.

13 Fisch • stumm wie ein Fisch

muto come un pesce (pop.)

▸ Non ti preoccupare, non lo dirò a nessuno; sarò muto come un pesce.

Fisch • weder Fisch noch Fleisch

né carne né pesce (pop.)

▸ Spiegaci finalmente cosa intendi fare, perché finora quello che hai detto non era né carne né pesce.

fix • fix und fertig sein

essere bell'e finito (pop.) / cotto (pop.) / a pezzi (pop.)

▸ Ho lavorato troppo, questa sera sono proprio a pezzi.

Flamme • eine (alte) Flamme von jmd sein

essere una (vecchia) fiamma di qn. (pop.)

▸ Ieri ho incontrato una mia vecchia fiamma e abbiamo parlato dei vecchi tempi.

Fliege • keiner Fliege etwas zuleide tun können

non far male ad una mosca (pop.)

▸ È così buono che non farebbe male ad una mosca.

Fliegen • zwei Fliegen mit einer Klappe schlagen

prendere due piccioni con una fava (pop.)

▸ Domani vado ad un congresso a Roma e passo a trovare i miei vecchi amici, così prendo due piccioni con una fava.

Flinte • nicht die Flinte ins Korn werfen

non gettare la spugna (pop.) / le armi (pop.)

▸ Quando pensò alla montagna di lavoro che aveva ancora davanti a sé, stava per gettare la spugna, ma poi decise di tener duro e di continuare a lavorare.

Frosch • einen Frosch in der Kehle (im Hals) haben

avere un rospo in gola (pop.)

▸ Mi sembra di avere un rospo in gola, mi daresti un bicchiere d'acqua?

Fuchs • wo sich Fuchs und Hase gute Nacht sagen

a casa del diavolo (pop.), in capo al mondo (pop.), al polo nord (pop.)

▸ Abita in capo al mondo e impiega due ore per arrivare in ufficio.

Fuchtel • unter der Fuchtel von jmd stehen

farsi tenere al guinzaglio da qn. (pop.), lasciarsi comandare a bacchetta da qn. (pop.)

▸ È una persona molto mite e gentile che si lascia comandare a bacchetta da sua moglie.

Fuß • stehenden Fußes

su due piedi

▸ Ho deciso su due piedi di partire domani per la Francia.

Fuß • mit dem falschen Fuß aufstehen / mit dem linken Fuß zuerst aufstehen

svegliarsi con la luna di traverso (pop.)

▸ Credo proprio che tu sia di cattivo umore oggi! Ti sei svegliato con la luna di traverso?

Fuß • auf großem Fuß leben

fare una vita / vivere da gran signore (pop.)

▸ Vive da gran signore andando sempre in vacanza in alberghi di lusso.

Füße • sich die Füße vertreten

fare due / quattro passi (pop.), sgranchirsi le gambe (pop.)

▸ È ora che ci sgranchiamo le gambe, siamo state sedute al computer tutta la giornata.

14

Gänsehaut

pelle d'oca (pop.)

▸ L'ultima scena del film mi ha talmente commossa che mi è venuta la pelle d'oca.

Gardinen • hinter schwedischen Gardinen sitzen

stare al fresco (pop.) / in gattabuia (pop.), vedere il sole a scacchi (pop.)

▸ Dopo la rapina è stato al fresco per più di dieci anni.

Gaul • Einem geschenkten Gaul schaut man nicht ins Maul. (prov)

A caval donato non si guarda in bocca. (prov.)

Geld • Geld zum Fenster hinauswerfen

avere le mani bucate (pop.)

▸ Non è molto bravo a gestire i suoi soldi, ha le mani bucate e spende tanto in cose inutili.

Gelegenheit • die Gelegenheit beim Schopfe packen
cogliere la palla al balzo (pop.), prendere l'occasione al volo (pop.)
▸ Quando mancò la corrente i ladri presero l'occasione al volo per svaligiare la banca.

Gelegenheit • Gelegenheit macht Diebe.
L'occasione fa l'uomo ladro. (prov.)

Gesicht • wie aus dem Gesicht geschnitten
assomigliarsi come due gocce d'acqua (pop.), nato e sputato (pop.)
▸ Quando ho visto suo fratello, l'ho scambiato per lui. Si assomigliano come due gocce d'acqua.

gestern • nicht von gestern sein
non essere nato ieri (pop.)
▸ So che questa storia non è vera, non sono mica nata ieri.

gestohlen • Der kann mir gestohlen bleiben!
Può andare al diavolo! (pop.) / Può andare a farsi fottere! (volg.) / Che si fotta! (volg.)

gesund • gesund und munter
sano e salvo
▸ Dopo molte peripezie arrivammo sani e salvi a casa a mezzanotte passata.

15 **gleich • Gleiches mit Gleichem vergelten**
rendere pan per focaccia (pop.), ripagare qn. con la / della stessa moneta
▸ In seguito all'attacco aereo degli americani, i terroristi gli hanno reso pan per focaccia facendo saltare in aria i camion dei soldati.

Glück • Glück im Spiel, Pech in der Liebe. (prov)
Sfortunato al gioco, fortunato in amore. (prov.)

Gold • treu wie Gold sein

fedele come un cane (pop.)

▸ Posso sempre contare su di lui, è fedele come un cane nei miei confronti.

Grab • sein eigenes Grab schaufeln

scavarsi la fossa (con le proprie mani) (pop.)

▸ Comprando quell'azienda in rovina, si è scavato la fossa con le proprie mani.

Granit • bei jmd auf Granit beißen

trovare un osso duro (pop.)

▸ Chiedendomi di poter andare in vacanza da solo alla sua età, ha trovato in me un osso duro perché non glielo permetterò mai.

Gras • Das Gras auf der anderen Seite ist immer grüner. (prov)

L'erba del vicino è sempre più verde. (prov.)

Gras • ins Gras beißen

tirare le cuoia (volg.), lasciarci la pelle (pop.)

▸ Non deve correre come un dannato con la sua macchina, finirà col lasciarci la pelle.

Gras • Gras über eine Sache wachsen lassen

metterci una pietra sopra, è acqua passata

▸ Non parliamone più, mettiamoci una pietra sopra.

Gürtel • den Gürtel enger schnallen

tirare la cinghia (pop.)

▸ Per il futuro dovrà tirare la cinghia se vuole sopravvivere.

Haar

16 **Haar • um ein Haar**

per un pelo (pop.), per poco

▸ È arrivato in ritardo alla stazione e per un pelo stava per perdere il treno.

Haar • jmd aufs Haar gleichen

assomigliarsi come due gocce d'acqua (pop.)

▸ Sono madre e figlia e si assomigliano come due gocce d'acqua.

Haarspalterei • Haarspalterei betreiben

spaccare un capello in quattro (pop.), cavillare, sofisticare

▸ Non cavillare troppo su ogni frase, altrimenti non finiremo mai.

Habenichts • ein Habenichts sein

essere un poveraccio (pop.)

▸ È un poveraccio che vive sotto i ponti.

Haken • Das ist der Haken!

È qui che casca l'asino! (pop.)

Hals • jmd / etwas am Hals haben

avere qn. / qc. alle costole (pop.)

▸ È tutto il giorno che l'ho alle costole, non so come liberarmene.

Hals • jmd Hals- und Beinbruch wünschen

augurare in bocca al lupo a qn. (pop.) (man antwortet darauf: «Crepi (il lupo)!»)

▸ Gli abbiamo augurato in bocca al lupo per il suo esame di guida.

Hand • jmd zur Hand gehen

dare una mano a qn.

▸ Puoi darmi una mano a portare in cantina queste bottiglie?

Hand • jmd in der Hand haben

tenere in pugno qn.

▸ Abbiamo scoperto tutto quello che ha fatto la sera dell'omicidio e lo teniamo in pugno.

Hand • für jmd / etwas die Hand ins Feuer legen

mettere la mano sul fuoco (pop.)

▸ Sono sicura che farà tutto onestamente, ci metto la mano sul fuoco.

Hand • weder Hand noch Fuß haben

non avere né capo né coda (pop.), non stare né in cielo né in terra (pop.)

▸ Il suo discorso è molto confuso, non ha né capo né coda.

Hand • die rechte Hand von jmd sein

essere il braccio destro di qn. (pop.)

▸ È il braccio destro del presidente ed è sempre al suo fianco.

Hände • die Hände in den Schoß legen 17

stare con le mani in tasca (pop.), stare con le mani in mano

▸ Sta sempre con le mani in tasca e non aiuta mai in casa.

Hände • (nicht) mit leeren Händen kommen

(non) venire a mani vuote

▸ Quando lo invitiamo a casa nostra non viene mai a mani vuote, porta tanti regalini per i piccoli.

Hände • in die Hände spucken

mettersi al lavoro di buona lena, rimboccarsi le maniche (pop.), darci dentro (pop.)

▸ Dobbiamo rimboccarci le maniche e imbiancare tutta la casa.

Handtuch • das Handtuch werfen

gettare la spugna (pop.)

▸ Non gettare la spugna, ce l'hai quasi fatta!

Handumdrehen • im Handumdrehen

in un batter d'occhio (pop.) / di ciglia / d'ali (antiq.), in men che non si dica (pop.), in un baleno / lampo (pop.)

▸ Esco subito di casa e sono da te in un baleno!

hart • hart gesotten sein

essere un duro (pop.), avere la pelle dura (pop.)

▸ È un tipo dalla pelle dura, non ha aperto bocca nemmeno quando lo hanno torturato.

Haubitze • voll wie eine Haubitze sein

essere ubriaco fradicio (pop.)

▸ Quand'è tornato dal bar, era ubriaco fradicio e non trovava il buco della serratura.

Haut • nicht aus seiner Haut können

non smentire la propria natura

Il lupo perde il pelo, ma non il vizio. (prov.)

Haut • nur Haut und Knochen sein

essere tutto pelle ed ossa (pop.)

▸ I soldati tornati dalla prigionia erano tutti pelle e ossa.

heimlich • heimlich, still und leise

di nascosto

▸ Ha cominciato a fumare di nascosto già a dodici anni.

hereinfallen • auf jmd hereinfallen

cascarci (pop.)

▸ Mi ha fatto credere di essere innamorato di me ed io ci sono cascata. Non era vero niente.

hereinschneien

piombare (in casa) (pop.)

▸ Volevo passare una serata tranquilla, ma mi sono piombati in casa i miei suoceri.

Herren • aus aller Herren Länder 18

da ogni dove

▸ Sono arrivati per partecipare alle gare da ogni dove.

Herz • jmd blutet das Herz

a qn. sanguina / piange il cuore (pop.)

▸ Mi piange il cuore, ma questa volta non ho una somma così grande da prestarti.

Herz • jmd bricht das Herz

a qn. si spezza il cuore (pop.)

▸ Il divorzio dal marito le ha spezzato il cuore e non si è ancora ripresa.

Herz • etwas nicht übers Herz bringen

non avere cuore / coraggio di ...

▸ Non ho il coraggio di dirgli la verità.

Herz • ein Herz und eine Seele

pappa e ciccia (pop.), due anime in un nocciolo (pop.), due cuori e una capanna (pop.)

▸ Sono amici inseparabili come due cuori e una capanna.

Herzen • mit dem Herzen dabei sein

metterci l'anima (pop.)

▸ Ci mette l'anima nell'insegnamento ed è un professore bravissimo.

Herzen • etwas auf dem Herzen haben

avere un peso sul cuore (pop.)

▸ Mi ha chiamato perché aveva un peso sul cuore e voleva parlarmene.

Herzen • sich etwas zu Herzen nehmen

prendersi qc. a cuore

▸ Si è preso a cuore la mia situazione e ha trovato una soluzione al problema.

Himmel • Ach du lieber Himmel!

Santo cielo! (pop.) / Dio mio! (pop.) / Mamma mia! (pop.) / Oh cielo! / Santi numi! (antiq.) / Che mi venga un colpo! / Perbacco! (antiq.) / Oh cavolo! (pop.)

Himmel • jmd den Himmel auf Erden versprechen

promettere il cielo in terra (pop.)

▸ Per sposarla le ha promesso il cielo in terra.

Himmel • im siebten Himmel sein

essere al settimo cielo (pop.), toccare il cielo con un dito (pop.)

▸ Quando lui le chiese di sposarlo, lei toccò il cielo con un dito.

Himmel • Um Himmels willen!

Per l'amor del cielo! (pop.) / Per carità! / Per l'amor d'Iddio! (antiq.)

19 Hinz • Hinz und Kunz

cani e porci (pop.)

▸ Ha invitato cani e porci al suo matrimonio, c'erano 500 invitati!

Hirn • sich das Hirn zermartern

scervellarsi, rompersi la testa (pop.), lambiccarsi il cervello (pop.)

▸ Mi sto scervellando da ore, ma non riesco a ricordare il nome di quella persona.

Hof • jmd den Hof machen

fare la corte (pop.) / il filo (pop.) a qn., corteggiare qn.

▸ Le ha fatto la corte per due anni prima di chiederle di sposarlo.

Höhe • nicht auf der Höhe sein

non essere all'altezza (pop.)

▸ Non è all'altezza del suo compito, è troppo inesperto.

Holz • auf Holz klopfen

toccare ferro (pop.)

▸ Domani per il compleanno di mio marito facciamo un barbecue in giardino. Tocchiamo ferro che sia una bella giornata!

Hörner • Sie setzt ihrem Ehemann Hörner auf.

Ha messo le corna a suo marito.

Hühnchen • mit jmd noch ein Hühnchen zu rupfen haben

avere dei conti da regolare con qn. (pop.)

▸ Ho dei conti da regolare con il mio amico che ieri non è venuto a prendermi; ho dovuto fare tutta la strada a piedi.

Hunde • Hunde, die bellen, beißen nicht. (prov)

Can che abbaia non morde. (prov.)

Hunde • keine schlafenden Hunde wecken

Non svegliare il can che dorme. (prov.)

hundemüde • hundemüde sein

essere stanco morto (pop.) / sfinito (pop.) / spompato (pop.) / a pezzi (pop.)

▸ Stasera rimango a casa, sono veramente a pezzi e voglio andarmene a letto.

Hut • den Hut vor jmd ziehen

far tanto di cappello a qn. (pop.)

▸ Hai fatto proprio un bel lavoro, ti faccio tanto di cappello.

20

Idee • eine fixe Idee

un chiodo fisso (pop.)

▸ È ormai un chiodo fisso per lui fare questo viaggio in Perù, non glielo togli più dalla testa.

Jacke • Das ist Jacke wie Hose.

Se non è zuppa è pan bagnato.

Jubeljahr • alle Jubeljahre (einmal)

ogni morte di papa (pop.)

▸ Mi viene a trovare ogni morte di papa, vorrei vederla molto più spesso.

21 **Kamm • nicht alles über einen Kamm scheren**

non fare di ogni erba un fascio (pop.)

▸ Si dice che tutte le modelle siano anoressiche, ma non bisogna fare di ogni erba un fascio.

Karte • alles auf eine Karte setzen

puntare tutto su una carta (pop.)

▸ Puntiamo tutto su una carta e stiamo a vedere cosa succede.

Karten • seine Karten auf den Tisch legen

mettere le carte in tavola (pop.), scoprire le carte (pop.), rivelare il proprio gioco (pop.)

▸ Se non metti le carte in tavola, non riuscirò mai ad aiutarti.

Kasse • schlecht bei Kasse sein

essere a corto di denaro (pop.) / quattrini (pop.)

▸ Sono a corto di denaro, quest'anno non andrò in vacanza da nessuna parte.

Katze • Das ist / war für die Katz!

Tempo sprecato! / È uno spreco di tempo!

Katze • nicht die Katze im Sack kaufen (wollen)

non (voler) comprare la gatta nel sacco (pop.), non comprare a scatola chiusa

▸ Voglio esaminare con calma quest'offerta, perché non mi piace comprare la gatta nel sacco.

Katze • Die Katze lässt das Mausen nicht. (prov)

Il lupo perde il pelo, ma non il vizio. (prov.)

Katzensprung • Das ist ein Katzensprung von hier.

È a due passi da qui. (pop.)

Kehle • sich die Kehle aus dem Hals schreien

gridare a squarciagola (pop.)

▸ La donna gridò a squarciagola quando vide il topo in cucina.

Kehrseite • die Kehrseite der Medaille

il rovescio / l'altra faccia della medaglia (pop.)

▸ Il rovescio della medaglia di quell'impiego è che si lavora 12 ore al giorno, anche se pagano bene.

Kind • das Kind beim Namen nennen

dire pane al pane (e vino al vino) (pop.)

▸ Gli ho detto pane al pane e lui si è arrabbiato con me.

Kirchenmaus • arm wie eine Kirchenmaus sein

essere povero come Giobbe (bibl.), essere povero in canna (pop.)

▸ Quella donna è povera in canna: vive della carità dei vicini.

Klatschweib • ein altes Klatschweib sein / eine Klatschtante sein

essere una lavandaia (antiq.) / pettegola (pop.)

▸ E' una pettegola che deve sempre parlare dei fatti altrui!

klein • klein beigeben 22

darsi per vinto (pop.)

▸ Ammetto di non conoscere la risposta, mi do per vinto.

Kleinvieh • Kleinvieh macht auch Mist. (prov)

Tutto fa brodo. (prov.)

Klemme • in der Klemme sein / sitzen

essere nei guai (pop.) / nei pasticci (pop.) / in un bell'impiccio (pop.) / alle strette (pop.)

▸ Sono alle strette, perciò sono costretta a chiederti di restituirmi i soldi che ti avevo prestato.

Klotz • jmd ein Klotz am Bein sein

essere una palla al piede per qn. (pop.)

▸ Delle volte sua moglie è veramente una palla al piede, lei non vuole mai uscire e così anche lui è costretto a rimanere a casa.

Knüppel • jmd einen Knüppel zwischen die Beine werfen

mettere i bastoni fra le ruote a qn. (pop.)

▸ Gli ho messo i bastoni fra le ruote nascondendogli le chiavi della macchina; così non è potuto partire in tempo.

Kohldampf • Kohldampf schieben

avere una fame da lupi (pop.)

▸ Sono solo le 11 del mattino, ma Luigi ha già una fame da lupi.

Kohle • (keine) Kohle haben

non avere un soldo bucato (pop.), avere le tasche vuote (pop.), essere a corto di denaro (pop.)

▸ Non vengo al cinema con voi perché sono a corto di denaro.

Kohlen • wie auf (glühenden) Kohlen sitzen

essere / stare sulle spine, stare sui carboni ardenti (pop.)

▸ Ero sulle spine perché aspettavo la sua chiamata da ore, ma non mi chiamava.

Kopf • jmd raucht der Kopf

a qn. fuma la testa (pop.)

▸ Devo andare a letto, mi fuma la testa per il troppo lavoro.

Kopf • Ihr (ihm, ihnen) ist es zu Kopf gestiegen.

Gli/ le ha dato alla testa. / Si è montato(-a) /si sono montati(-e) la testa.

Kopf • nicht auf den Kopf gefallen sein

non essere nato ieri (pop.), non essere uno stupido

▸ Non ci cascherà mai, non è mica nato ieri!

Kopf • den Kopf kosten

rischiare l'osso del collo (pop.), costare caro (pop.)

▸ Quella gara in macchina stava per costargli cara perché è andato fuori strada sfiorando un albero.

Kopf • Kopf und Kragen riskieren

rischiare la pelle (pop.) / l'osso del collo (pop.)

▸ I pompieri hanno rischiato la pelle quando hanno cercato di salvare la donna dalle fiamme.

Kopf • nicht wissen, wo einem der Kopf steht

non sapere dove sbattere la testa (pop.)

▸ Ho talmente tanto da fare che non so più dove sbattere la testa.

Korb • einen Korb bekommen 23

prendersi un bidone (pop.)

▸ Mi ha detto che sarebbe venuto a prendermi e non l'ha fatto. Mi sono presa un bel bidone.

Korb • jmd einen Korb geben

dare buca (pop.), tirare un bidone (pop.), dare il due di picche (pop.)

▸ La sua ragazza gli ha tirato un bidone facendolo aspettare invano al ristorante.

Kragenweite • Der ist nicht meine Kragenweite!

Non fa per me! (pop.)

kreidebleich • kreidebleich werden / sein

essere / diventare bianco come un lenzuolo (pop.)

▸ Quando vide la bolletta del telefono diventò bianco come un lenzuolo.

Kreuz • jmd aufs Kreuz legen

dare una fregatura a qn. (pop.), tirare un pacco a qn. (pop.)

▸ Quando ci ha venduto la casa ci ha dato una fregatura, perché non valeva il prezzo che abbiamo pagato.

Kriegsfuß • mit jmd auf Kriegsfuß stehen

essere sul piede di guerra con qn. (pop.)

▸ E' sempre sul piede di guerra con il suo vicino, litigano per ogni stupidaggine.

Krug • Der Krug geht so lange zu Wasser, bis er bricht. (prov)

Tanto va la gatta al lardo che ci lascia lo zampino. (prov.)

kugeln • sich kugeln / kringeln vor Lachen

ridere a crepapelle (pop.), piegarsi in due dalle risate (pop.)

▸ Le sue barzellette mi fanno sempre ridere a crepapelle.

Kurve • die Kurve kriegen

riuscirci / farcela a malapena

▸ Sono riusciti a malapena ad evitare il fallimento dell'azienda.

kürzer • den Kürzeren ziehen

avere la peggio

▸ Abbiamo scommesso 100 Euro e io ho avuto la peggio perché ho perso.

24

Laden • den Laden schmeißen

mandare avanti la baracca (pop.)

▶ Purtroppo il mio socio si è rotto una gamba e devo mandare avanti la baracca da solo per i prossimi due mesi.

Laie • ein blutiger Laie sein

essere un pivello (pop.) / novellino / principiante / profano / dilettante, essere alle prime armi (pop.)

▶ Si vede che è un novellino, continua a chiedere informazioni a tutti.

Länder • Andere Länder, andere Sitten. (prov)

Paese che vai, usanza che trovi. (prov.)

Lärm • viel Lärm um nichts machen

fare tanto rumore per niente / molto fumo e poco arrosto (pop.)

▶ Parli tanto, ma i fatti non si vedono. Sei molto fumo e poco arrosto.

leben • leben und leben lassen

Vivi e lascia vivere. (prov.)

Lehrgeld • Lehrgeld zahlen müssen

imparare a proprie spese

▶ Filippo ha dovuto imparare a proprie spese quant'è dura la vita del camionista.

Leib • wie auf den Leib geschrieben sein

stare a pennello (pop.)

▶ Il ruolo del cattivo ti sta a pennello, hai veramente una faccia da gangster.

leibt • wie er leibt und lebt

in carne ed ossa (pop.)

▶ Non crederai mai chi ho visto alla festa, c'era Bud Spencer in carne ed ossa.

Leiche • eine Leiche im Keller haben

avere uno scheletro nell'armadio (pop.)

▸ Non parla mai della sua famiglia e del suo passato, credo che abbia più di uno scheletro nell'armadio.

leicht • Das ist leichter gesagt als getan.

Fra il dire e il fare c'è di mezzo il mare. (prov.)

Leid • Geteiltes Leid ist halbes Leid. (prov)

Mal comune mezzo gaudio. (prov.)

Lektion • jmd eine Lektion erteilen

dare una lezione a qn.

▸ Questa volta ha esagerato, appena torna a casa gli darò una lezione.

Leseratte • eine Leseratte sein

essere un topo di biblioteca (pop.)

▸ È veramente un topo di biblioteca, passa le sue giornate sui libri.

25

Licht • ans Licht kommen

venire alla luce

▶ Dopo le indagini vennero alla luce particolari interessanti sulla vicenda.

Licht • Licht am Horizont sehen

vedere una luce alla fine del tunnel (pop.)

▶ Dopo tanta fatica e sacrifici è bello vedere finalmente una luce alla fine del tunnel.

Licht • jmd geht ein Licht auf

avere un'illuminazione

▶ Lavoravamo su quella canzone da mesi, poi finalmente Andrea ebbe un'illuminazione e riuscimmo a finirla.

Licht • das Licht der Welt erblicken

venire al mondo, vedere la luce

▶ Lilo è venuta al mondo nel giorno della grande alluvione.

Licht • grünes Licht für etwas geben

dare via libera (pop.) / il via per qc. (pop.)

▶ Il progetto della casa è già pronto, aspetto solo che mi diate il via e i lavori partiranno.

links • etwas mit links machen

fare qc. con facilità

▶ Franco è proprio bravo, riesce a fare con facilità delle cose che a me risultano difficili.

Lippen • an jmds Lippen hängen

pendere dalle labbra di qn. (pop.)

▸ Quando il nonno raccontava dei tempi della guerra i nipotini pendevano dalle sue labbra.

Loch • auf / aus dem letzten Loch pfeifen

essere alla frutta (pop.), non farcela più

▸ Mi sa che il tuo computer è alla frutta, meglio che te ne compri uno nuovo.

Luft • dicke Luft

tira una brutta aria (pop.), nell'aria c'è odore di tempesta (pop.), qui non tira buon vento (pop.)

▸ Ci vediamo da te, a casa mia tira una brutta aria, mia madre ha appena saputo che hanno bocciato mia sorella.

Luft • sich in Luft auflösen

sparire nel nulla

▸ L'ho cercato tutto il giorno, ma sembra essere sparito nel nulla.

Luft • von Luft und Liebe leben

vivere / campare d'aria, vivere di pan duro (pop.), vivere di solo pane (pop.)

▸ Prima o poi dovrai trovarti un lavoro serio, non puoi continuare a campare d'aria.

26

Made • wie die Made im Speck leben

fare una vita da papi (pop.), vivere da signore (pop.)

▶ Da quando si è sposato con un'ereditiera vive da signore, nel lusso e nell'ozio.

Magen • im Magen liegen

stare sullo stomaco

▶ Quell'uomo mi è sempre stato sullo stomaco, è proprio insopportabile.

Mann • Ein Mann, ein Wort.

Ogni promessa è debito. (prov.)

Mann • Manns genug sein

essere abbastanza uomo (pop.)

▶ Sii abbastanza uomo e affronta le tue responsabilità.

Märchen • Erzähl keine Märchen!

Non raccontare storie / delle balle! (pop.) / Non dire cavolate! (pop.)

Maul • jmd das Maul / den Mund stopfen

chiudere il becco a qn. (pop.), tappare / cucire la bocca a qn. (pop.)

▶ Se non la finisci di lamentarti ti cucio la bocca!

mausetot • mausetot sein

essere morto stecchito (pop.)

▶ Era già morto stecchito da una settimana quando lo trovarono.

Meister • seinen Meister finden

trovare pane per i propri denti (pop.)

▶ Ha trovato pane per i suoi denti e non è più il primo di ogni gara.

melden • nichts zu melden haben

non avere voce in capitolo (pop.)

▸ A casa sua comanda la moglie, lui non ha voce in capitolo.

Menschenseele • keine Menschenseele

non c'è anima viva (pop.) / un cane (pop.)

▸ La piazza era deserta, non c'era anima viva.

Messer • unters Messer kommen

andare sotto i ferri (pop.)

▸ È andato sotto i ferri ieri, l'operazione è riuscita benissimo ed ora sta già meglio.

Miene • gute Miene zu bösem Spiel machen

far buon viso a cattivo gioco (pop.)

▸ Devo far buon viso a cattivo gioco ed accettare che la mia collega partecipi alla festa al mio posto, io ho l'influenza e non posso uscire.

Miene • keine Miene verziehen

non battere ciglio, restare impassibile

▸ Quando gli dissero che era licenziato non batté ciglio.

mir • Wie du mir, so ich dir. (prov)

Occhio per occhio, dente per dente. (prov.) / Chi la fa, l'aspetti. (prov.)

mir • mir nichts, dir nichts

di punto in bianco, senza tante parole

▸ Dopo il cinema se n'è andato di punto in bianco senza neanche salutarci.

27 Mist • Das ist nicht auf seinem Mist gewachsen.

Non è farina del suo sacco. (pop.) / Non è erba del suo orto. (pop.)

Mordshunger • einen Mordshunger haben

avere una fame da lupi (pop.), non vederci più dalla fame (pop.)

▸ Non ci vedo più dalla fame, non mangio da ieri.

Motten • von etwas angezogen sein, wie die Motten vom Licht

essere attratto come le api dal miele (pop.)

▸ Francesca è davvero affascinante, gli uomini sono attratti da lei come le api dal miele.

Mund • jmd über den Mund fahren

troncare la parola in bocca a qn.

▸ Quando voglio dire il mio parere, mi tronca sempre la parola in bocca.

Mund • sich den Mund fusselig reden

sprecare il fiato (pop.), parlare al vento (pop.)

▸ È inutile sprecare il fiato con quello là, tanto non capirà mai.

Mund • nicht auf den Mund gefallen sein

avere sempre la battuta pronta (pop.), avere la lingua sciolta (pop.)

▸ Antonio non lo cogli mai impreparato, ha sempre la battuta pronta.

Mund • den Mund halten

tenere la bocca chiusa

▸ Mi raccomando non dirlo a nessuno, tieni la bocca chiusa!

„Kein Wort darüber!": **«Acqua in bocca!» (pop.)**

Mund • in aller Munde sein

essere sulla bocca di tutti

▸ La storia che c'era stata fra di loro era ormai sulla bocca di tutti.

Mund • jmd den Mund wässrig machen

far venire l'acquolina in bocca (pop.)

▸ Il suo capo gli ha fatto venire l'acquolina in bocca offrendogli uno stipendio molto più alto.

Münze • etwas für bare Münze nehmen

prendere qc. per oro colato (pop.)

▸ Meglio non prendere per oro colato tutto ciò che dice, a volte può sbagliare anche lui.

Münze • mit gleicher Münze zurückzahlen

ripagare con la stessa moneta (pop.)

Occhio per occhio, dente per dente. (prov.)

▸ Dopo quello sgarbo decise di ripagarlo con la stessa moneta e gli ruppe tutti i lampioni del giardino.

Mut • den Mut nicht sinken lassen

farsi coraggio (pop.), non perdersi d'animo

▸ Il pilota dell'aereo disse ai passeggeri di farsi coraggio, ormai il peggio era passato.

mutterseelenallein

solo come un cane (pop.)

▸ Da quando è morta la moglie vive solo come un cane in quella grande casa.

28

Nacht • bei Nacht und Nebel

in piena notte (pop.), a notte fonda (pop.), col favore delle tenebre, in gran segreto

▸ Partì a notte fonda e nessuno se ne accorse, tutti dormivano profondamente. Col favore delle tenebre scapparono dalla prigione.

Nacht • hässlich wie die Nacht sein

essere brutto come la fame (pop.)

▸ Mamma mia, hai visto il nuovo ragazzo della nostra vicina? È brutto come la fame!

Nacht • sich die Nacht um die Ohren schlagen

feiern: **far di notte giorno (pop.), fare le ore piccole (pop.)**

▸ Che sonno! Ieri abbiamo fatto le ore piccole alla festa di Giovanna!

durchmachen: **passare la notte in bianco (pop.)**

▸ Ha passato la notte in bianco aspettando il suo ritorno.

Nacht • eine Nacht über etwas schlafen

dormirci sopra (pop.)

▸ Ci dormirò sopra e domani ti darò una risposta.

Nase • die Nase voll haben

averne fin sopra i capelli di qc. / qn. (pop.), averne abbastanza di qc. / qn. (pop.), averne le tasche / scatole piene (volg.)

▸ Non ce la faccio più, ne ho veramente fin sopra i capelli di quel lavoro. Domani mi licenzio.

Nase • seine Nase in alles stecken

ficcare il naso dappertutto (pop.), essere un / una ficcanaso (pop.)

▸ E' troppo curiosa, ficca il naso dappertutto!

Nerven • die Nerven verlieren / jmd gehen die Nerven durch
perdere la pazienza, farsi saltare i nervi (pop.)
▸ Mi ha fatto saltare i nervi e gli ho dato uno schiaffo.

Nerven • Nerven wie Drahtseile haben
avere i nervi d'acciaio (pop.)
▸ Davanti al pericolo è rimasto imperturbabile: ha i nervi d'acciaio.

Nervensäge • eine Nervensäge sein
essere un rompiscatole (volg.) / un rompipalle (volg.) / un tormento
▸ Il telefono! Per favore, rispondi tu e se è quella rompiscatole della signora Rossi, dille che non ci sono!

29 **neugeboren • sich wie neugeboren fühlen**
sentirsi rinato (pop.) / un altro (pop.)
▸ Dopo questa bella dormita mi sento rinata!

nichts • für nichts und wieder nichts
per niente, fatica sprecata (pop.)
▸ Ho lavorato per tre giorni interi al computer e poi ho perso il file. Tutto il lavoro per niente!
FF: per nulla e poi nulla al mondo: für nichts auf der Welt
▸ Non mi muoverò da qui per nulla e poi nulla al mondo, te lo giuro!

nichts • Von nichts kommt nichts.
Senza farina non si può fare pane. (pop.) / Nulla nasce dal nulla. (pop.) / Con niente non si ottiene niente. (pop.)

nichts • Nichts für ungut!
Senza offesa!

Nimmerleinstag • am Sankt Nimmerleinstag

alle calende greche

▸ Hanno rimandato il trasloco alle calende greche: resteranno qui per sempre.

Not • aus der Not eine Tugend machen

fare di necessità virtù (pop.)

▸ E' dovuto arrivare fino a Roma per trovare quel libro, ma ha fatto di necessità virtù ed è andato al concerto che si teneva quella sera al Colosseo.

Not • Not macht erfinderisch. (prov)

La necessità aguzza l'ingegno. (prov.)

▸ Ha riparato il finestrino usando un pezzo di fil di ferro: la necessità aguzza l'ingegno!

Nummer • auf Nummer Sicher gehen

andare sul sicuro (pop.)

▸ Ci vuole un'ora per arrivare a casa sua, ma partiremo con due ore di anticipo per andare sul sicuro.

30 **ob • Und ob!**

Eccome! / Come no! / Altro che!

▸ «Ti piacerebbe andare al cinema stasera?» – «Eccome!»

oben • Mir steht es bis oben.

Ne ho fin sopra i capelli. (pop.)

▸ Mi hai stancata, ne ho fin sopra i capelli di questa storia.

Ohr • sich aufs Ohr legen

schiacciare / fare un pisolino (pop.)

▸ Dopo quel lauto pranzo ci vuole assolutamente un pisolino!

Ohr • noch grün hinter den Ohren sein

avere ancora la bocca sporca di latte (pop.) / la goccia al naso (pop.), essere di primo pelo (pop.)

▸ Suo figlio è inesperto e troppo giovane per questo incarico, ha ancora la bocca sporca di latte.

Ohr • ganz Ohr sein

essere tutt'orecchi (pop.)

▸ Racconta, sono tutt'orecchi!

Ohren • es faustdick hinter den Ohren haben

saperne una più del diavolo (pop.), essere una buona lana (pop.)

▸ Devi fare attenzione con quell'uomo perché ne sa una più del diavolo!

Ohren • die Ohren offen halten

tenere gli occhi aperti (pop.), tenere le orecchie tese (pop.)

▸ Faceva finta di niente, ma teneva le orecchie tese.

Ohren • Halt die Ohren steif!

Forza e coraggio! (pop.) / In gamba! (pop.)

Ohren • seinen Ohren nicht trauen

non credere alle proprie orecchie (pop.)

▸ Quello che mi racconti ha dell'incredibile: non credo alle mie orecchie!

Ölgötze • wie ein Ölgötze dastehen

starsene lì come un babbeo (pop.) / allocco (pop.)

▸ Fa' qualcosa! Non startene lì come un babbeo!

31 **Päckchen • sein Päckchen zu tragen haben**
portare la propria croce (pop.)
▸ Ognuno ha la sua croce da portare.

Palme • jmd auf die Palme bringen
mandare in bestia qn. (pop.), far andare qn. su tutte le furie (pop.)
▸ Quando mi parla in quel modo mi manda veramente in bestia.

Pappenheimer • Ich kenne meine Pappenheimer.
Conosco i miei polli. (pop.)

Parade • jmd in die Parade fahren
rompere le uova nel paniere a qn., guastare i piani a qn.
▸ Con la sua nuova proposta ci ha guastato tutti i piani.

Partie • mit von der Partie sein
starci (pop.), essere della partita (pop.)
▸ Perfetto! Sono riuscita a liberarmi per il fine settimana, sarò anch'io della partita con voi!

passen • wie angegossen passen
stare a pennello (pop.)
▸ Quel vestito le sta proprio a pennello.

Pech • So ein Pech!
Che sfortuna! (pop.) / Che scalogna! (pop.) / Che iella! (pop.) / Che sfiga! (volg.)

Pech • wie Pech und Schwefel zusammenhalten
essere cuciti a filo doppio, essere come pane e cacio (pop.) / come culo e camicia (volg.)
▸ Quei due li vedo sempre insieme, sono come culo e camicia.

Perle • Perlen vor die Säue werfen. (bibl.)

dare / gettare le perle ai porci (bibl.)

▸ Ti prego, non regalare quella stupenda chitarra a Giovanni, è solo un principiante e sarebbe come gettare le perle ai porci.

Person • die Pünktlichkeit in Person sein

essere puntuale come un orologio svizzero (pop.)

▸ Arriva sempre in perfetto orario, è puntuale come un orologio svizzero.

Pest • stinken wie die Pest

Person: **puzzare come un caprone (pop.) / una carogna (pop.) / fogna (pop.)**

Ort: **puzzare come una fogna (pop.)**

▸ Quel ragazzo puzza come un caprone, mi sa che non si lava da giorni.

32 **Pfau • eitel wie ein Pfau sein**

pavoneggiarsi (pop.), essere vanitoso come un pavone

▸ Guarda quello, non fa altro che pavoneggiarsi da quando ha vinto il concorso di bellezza.

Pfeffer • gepfefferte Preise

prezzi salati (pop.)

▸ Da quando hanno cambiato gestione, in quel ristorante i prezzi sono veramente salati.

Pfeife • nach jmds Pfeife tanzen

farsi comandare a bacchetta da qn. (pop.)

▸ È inutile che continui a darmi ordini, non mi faccio comandare a bacchetta da nessuno.

pfeifen • auf etwas pfeifen

infischiarsene (pop.)

▸ Me ne infischio di te e di tutti i tuoi amici!

Pfifferling • keinen Pfifferling wert sein

non valere un fico secco (pop.) / una cicca (pop.) / un quattrino (pop.) / un soldo (pop.) / un fischio (pop.)

▸ Il quadro che ha comprato non vale una cicca.

piep • nicht piep sagen

non dire mezza parola

▸ È una bambina molto timida che non dice mai mezza parola.

Preis • um jeden Preis

ad ogni costo

▸ Mia sorella voleva quella maglia ad ogni costo, ha speso tutti i suoi risparmi per comprarla.

pudelwohl • sich pudelwohl fühlen

stare da dio (pop.)

▸ Ha un appartamento davvero molto carino, ci si sta da dio.

Pulver • sein Pulver verschossen haben

aver sparato tutte le cartucce (pop.)

▸ Già all'inizio del secondo tempo avevano sparato tutte le cartucce, non avevano la minima possibilità di vincere la partita.

Pulver • Geld verpulvern

spendere e spandere (pop.), avere le mani bucate (pop.), spargere denaro a piene mani (pop.)

▸ Sua moglie ha le mani bucate, non c'è giorno in cui non vada a fare compere in qualche negozio del centro.

Pulverfass • auf einem Pulverfass sitzen

star seduto su un vulcano (pop.), camminare sul filo del rasoio (pop.)

▸ Giorgio dovrebbe stare attento, sta camminando sul filo del rasoio e un errore potrebbe costargli caro.

33 **Qual • die Qual der Wahl**

l'imbarazzo della scelta (pop.)

▸ In quel negozio si trova sempre ciò che si cerca, c'è solo l'imbarazzo della scelta.

Quere • jmd in die Quere kommen

intralciare qn., guastare i piani di qn.

▸ Se nessuno avesse intralciato il suo lavoro, sarebbe riuscito a consegnare il suo progetto in tempo.

Quittung • die Quittung für etwas bekommen

avere una risposta a qc., ricevere come risposta, essere ripagato

▸ Questa è la risposta per il tuo comportamento.

34

Rage • jmd bringt etwas in Rage

qc. manda in bestia qn. (pop.)

▸ Smettila di mentire, lo sai che mi manda in bestia.

Rauch • sich in Rauch auflösen

sparire nel nulla (pop.)

▸ Ho cercato il mio cane in tutto il parco, ma sembra essere sparito nel nulla.

FF: andare in fumo: in die Binsen gehen

Rauch • Kein Rauch ohne Feuer. (prov)

Non c'è fumo senza arrosto. (prov.)

Rechnung • Da hast du die Rechnung ohne den Wirt gemacht!

Hai fatto i conti senza l'oste! (pop.)

Regel • Keine Regel ohne Ausnahme. (prov)

L'eccezione conferma la regola. (prov.)

Regen • vom Regen in die Traufe kommen

cadere dalla padella nella brace (pop.)

▸ Poverina, non era contenta del suo lavoro e l'ha lasciato. Ora ne ha uno nuovo, ma è ancora peggio! È proprio caduta dalla padella nella brace.

Reiher • kotzen wie ein Reiher

vomitare l'anima (pop.), buttar fuori l'anima (volg.)

▸ Alla festa ha bevuto come una spugna. Appena è tornato a casa ha vomitato anche l'anima.

Rest • Das gibt mir den Rest.

Questo mi dà il colpo di grazia. (pop.)

richtig • der Richtige
il principe azzurro (pop.)
▸ Tutte le donne sperano di trovare il loro principe azzurro, ma solo poche lo trovano.

Riecher • den richtigen Riecher für etwas haben
avere naso / fiuto per qc. (pop.)
▸ Ha un fiuto fenomenale per gli affari!

Riemen • den Riemen enger schnallen
tirare la cinghia (pop.)
▸ Dobbiamo tirare la cinghia se vogliamo andare avanti con uno stipendio solo.

35 Riesenwirbel • einen Riesenwirbel machen
fare un polverone (pop.)
▸ Molte volte i giornalisti amano fare un gran polverone per delle sciocchezze, solo per vendere qualche copia in più.

Rippen • nichts auf den Rippen haben
essere magro come un'acciuga (pop.) / un chiodo, essere secco come un chiodo (pop.)
▸ Dai, mangia qualcosa, sei magro come un'acciuga!

Röhre • in die Röhre gucken
restare a mani vuote / all'asciutto (pop.), rimanere a bocca asciutta (pop.) / con un palmo di naso (pop.)
▸ Dopo poche ore i biglietti erano già terminati e metà delle persone in fila rimasero a bocca asciutta.

Rolle • sich in die Rolle von jmd versetzen
mettersi nei panni di qn. (pop.)
▸ Cerca di metterti nei suoi panni, sono sicura che anche tu reagiresti così.

Rose • Keine Rose ohne Dornen.
Non c'è rosa senza spine. (prov.) / Non c'è amore senza amaro. (prov.)

Rostlaube
Auto: un rottame (pop.) / ferro vecchio (pop.) / catorcio (pop.) / macinino (pop.) / una carretta (pop.) / carriola (pop.)
Boot: bagnarola (pop.)
▶ Quando ti decidi finalmente a vendere quel tuo macinino? Avresti bisogno di una macchina nuova.

Ruck • sich einen Ruck geben
darsi una mossa (pop.)
▶ Pioveva da ore, ma si diede una mossa e portò fuori il cane.

Rückgrat • kein Rückgrat haben
non avere spina dorsale (pop.)
▶ Non gli affiderei mai la conduzione di quel reparto, è un tipo senza spina dorsale.

Ruder • das Ruder herumwerfen
cambiare rotta
▶ Dopo anni di libri per ragazzi, la casa editrice cambiò rotta e decise di pubblicare romanzi rosa.

Ruhe • Immer mit der Ruhe!
Abbi pazienza! / Con calma!

Ruhe • die Ruhe vor dem Sturm
la quiete prima della tempesta (pop.)

36 **Sache • Das ist meine Sache!**
Sono affari miei! / Non sono affari tuoi!

Sache • zur Sache kommen
venire al dunque (pop.) / sodo (pop.)
▸ Allora, veniamo al dunque, raccontami com'è andata veramente.

sagen • unter uns gesagt
detto fra noi
▸ Detto fra noi, neanche a me Simone è mai piaciuto molto.

Saite • andere Saiten aufziehen
cambiare musica (pop.) / registro (pop.)
▸ È ora che i ragazzi cambino registro, se continuano così saranno bocciati.

Sand • auf Sand gebaut haben
aver costruito sulla sabbia (pop.)
▸ Tutto il progetto era stato costruito sulla sabbia.

Sattel • fest im Sattel sitzen
reggersi saldo in sella (pop.), essere in una botte di ferro (pop.)
▸ Stai tranquilla, se sarà lui il nostro avvocato, siamo in una botte di ferro.

Sau • unter aller Sau
da cani (pop.), schifoso (pop.)
▸ Era veramente orribile, un film recitato da cani.

sauber • Bleib sauber!
Comportati bene! (pop.) / Fai il bravo! (pop.) / Resta fuori dai guai! (pop.) / Non combinare guai! (pop.)

Saus • in Saus und Braus leben

fare la bella vita (pop.), fare bagordi (pop.), spassarsela

▸ Gli piaceva fare la bella vita, ma un bel giorno i soldi finirono e dovette mettersi a lavorare.

Schaf • das schwarze Schaf sein 37

essere la pecora nera (pop.)

▸ Sono l'unica che non si è ancora laureata, sono la pecora nera della famiglia.

schalten • frei schalten und walten können

avere mano libera (pop.) / carta bianca (pop.)

▸ Quando ci affidarono il progetto ci diedero carta bianca, quindi adesso decidiamo noi.

Schande • Mach mir keine Schande!

Non farmi fare brutta figura! (pop.)

Schatz • nicht für alle Schätze der Welt

non per tutto l'oro del mondo (pop.)

▸ Non venderei la bicicletta di mio nonno per tutto l'oro del mondo.

Schein • Mehr Schein als Sein.
L'apparenza inganna. (prov.)

Scheiße • Scheiße bauen
fare una sciocchezza (pop.) / cavolata (pop.) / cazzata (molto volg.)

scheren • sich nicht um etwas / jmd scheren
fregarsene (pop.)
▸ Non me ne frega niente di lei.

Scheuklappen • Scheuklappen vor den Augen haben
avere i paraocchi (pop.)
▸ Delle volte sembra che abbia i paraocchi, le opinioni degli altri non lo interessano.

Schimmer • keinen blassen Schimmer von etwas haben
non avere la più pallida idea di una cosa (pop.)
▸ È inutile che lo chiedi a me, io non ne ho la più pallida idea.

Schiss • Schiss haben
avere fifa, avere una paura matta (pop.), farsela addosso dalla paura (pop.)
▸ Avrei una fifa matta a venire in quella casa di notte.

38 **Schlag • ein Schlag ins Wasser**
un buco nell'acqua (pop.)
▸ Anche questo tentativo è stato un buco nell'acqua, visto che non ha avuto il successo che doveva avere.

schlau • aus etwas nicht schlau werden

non venire a capo di qc.

▸ Ti prego, occupati tu di questa faccenda, perchè io non ne vengo a capo.

Schliff • etwas den letzten Schliff geben

dare gli ultimi ritocchi (pop.) / l'ultimo tocco (pop.) / l'ultima mano (pop.) / limata (pop.) a qc.

▸ Si trasferirono nella casa nuova, anche se dovevano ancora dare gli ultimi ritocchi.

schlimm • Halb so schlimm!

Non è poi così grave!

Schlinge • den Kopf aus der Schlinge ziehen

tirar fuori da un guaio (pop.)

▸ Quando i miei fratellini ne combinavano di tutti i colori, ero sempre io a tirarli fuori dai guai.

Schlot • rauchen wie ein Schlot

fumare come un turco (pop.) / una ciminiera (pop.)

▸ Quando si va a casa loro c'è sempre una puzza terribile, fumano come due ciminiere.

Schmiere • Schmiere stehen

fare il palo (pop.)

▸ Tu farai il palo, appena vedi arrivare la polizia fai un fischio!

schmieren • wie geschmiert

filare liscio come l'olio (pop.)

▸ L'operazione è filata liscia come l'olio, il paziente si riprenderà presto.

Schnauze • die Schnauze halten

chiudere il becco (pop.), stare zitto (pop.)

▸ Potresti chiudere il becco un secondo? Devo concentrarmi.

Schneider • frieren wie ein Schneider

avere un freddo cane (pop.)

▸ Potresti chiudere la finestra? Ho un freddo cane.

schnuppe • Das ist mir schnuppe!

Me ne importa un fico secco! (pop.) / Me ne infischio altamente! (pop.) / Non me ne frega un cavolo. (pop.)

39 **Schraube • eine Schraube locker haben**

avere una rotella fuori posto (pop.), non avere tutte le rotelle a posto (pop.)

▸ Quel tizio deve avere una rotella fuori posto, continua a parlare da solo.

Schreck • der Schreck fährt jmd in die Knochen

sentirsi gelare il sangue nelle vene (pop.)

▸ Quando mi sono trovata quel leone di fronte, mi sono sentita gelare il sangue nelle vene.

Schritt • den zweiten vor dem ersten Schritt tun wollen

mettere il carro innanzi / davanti ai buoi (pop.), fare il passo più lungo della gamba

Schulden • mehr Schulden als Haare auf dem Kopf haben

essere indebitato fin sopra i capelli (pop.) / fino al collo / fino alla punta dei capelli (pop.)

▸ Si è indebitato fin sopra i capelli per comprarsi quella casa.

Schulter • etwas auf die leichte Schulter nehmen
prendere qualcosa sottogamba / alla leggera (pop.)
▸ E' un lavoro pesante e richiede molto impegno. Non è da prendere sottogamba!

schwarz • schwarz arbeiten
lavorare in nero (pop.)
▸ I padroni non volevano metterci in regola ed eravamo costretti a lavorare in nero.

schwarz • Da kannst du warten, bis du schwarz wirst!
Campa cavallo (che l'erba cresce)!

Schweigen • Schweigen ist auch eine Antwort.
Chi tace acconsente. (prov.)

Schwein • Schwein gehabt!
Che culo! (volg.)

Seele • sich etwas von der Seele reden
togliersi un peso dal cuore (pop.)
▸ È venuta a casa mia e si è tolta un peso dal cuore, ne aveva proprio bisogno.

Seifenblase • platzen wie eine Seifenblase 40
dissolversi come una bolla di sapone (pop.)
▸ Il suo sogno si era dissolto come una bolla di sapone.

Seiltanz • einen Seiltanz vollführen
fare i salti mortali
▸ Ha fatto i salti mortali per convincerlo ad accettare quel contratto ed alla fine c'è riuscito.

selbst • Das versteht sich von selbst.
Si capisce. (pop.) / È ovvio. (pop.) / Va da sé. (pop.)

Semmel • weggehen wie warme Semmeln
andare a ruba (pop.)
▸ I loro cd andavano a ruba, erano veramente un gruppo fantastico.

Sicht • auf lange Sicht
a lungo andare
▸ Adesso ti sembra il ragazzo giusto, ma a lungo andare ti stuferai di lui.

sitzen • jmd sitzen lassen
piantare in asso (pop.)
▸ Dopo 25 anni di matrimonio lui la piantò in asso per un'altra donna.

spanisch • Das kommt mir spanisch vor.
Qui c'è qualcosa che non va. / La cosa puzza. (pop.) / Gatta ci cova. (pop.) / Qui c'è sotto qualcosa. (pop.) / Il diavolo ci ha messo la coda. (pop.)

Späne • Wo gehobelt wird, fallen Späne. (prov)
Volere la botte piena e la moglie ubriaca. (prov.) / Non si fanno frittate senza rompere le uova. (prov.) / Dove piove ci sono le gocciole. (prov.)

Spaß • Das war ein teurer Spaß.
Ci è costato una fortuna. (pop.)

Spaß • keinen Spaß verstehen
non avere senso dell'umorismo
▸ Caterina non ha senso dell'umorismo, prende sempre tutto sul serio.

Spatz • Das pfeifen die Spatzen von den Dächern.
È scritto su tutti i muri. (pop.)

Spesen • Außer Spesen nichts gewesen. 41
Il gioco non è valso la candela.

Spiel • leichtes Spiel mit jmd / etwas haben
avere gioco facile con qn. / qc. (pop.)
▸ Con lui ha sempre gioco facile, crede a tutto quello che gli si dice.

Spiel • etwas aufs Spiel setzen
mettere in gioco qc. (pop.), rischiare qc.
▸ C'è poco da scherzare, qui io sto mettendo in gioco la mia reputazione!

splitterfasernackt • splitterfasernackt sein
essere nudo come un verme (pop.) / in costume adamitico / come mamma l'ha fatto (pop.)
▸ Sono entrata per fargli una sorpresa e l'ho trovato come mamma l'ha fatto.

Sprache • Heraus mit der Sprache!
Sputa il rospo! (pop.)

Sprache • jmd verschlägt es die Sprache
rimanere senza parole, a qn. mancano le parole
▸ Quando vide il regalo che gli avevano fatto rimase senza parole dallo stupore.

Stange • eine Stange Geld
un sacco / mucchio di soldi (pop.)
▸ La sua nuova moto gli è costata un sacco di soldi.

Stecknadel • eine Stecknadel im Heuhaufen suchen

cercare un ago in un pagliaio (pop.)

▸ Non la troveremo mai in mezzo a tutta questa gente, è come cercare un ago in un pagliaio.

Stern • etwas steht (noch) in den Sternen

lo sa il cielo (pop.)

▸ Solo il cielo sa se Manuela tornerà a casa.

Stern • für jmd die Sterne vom Himmel holen

rubare le stelle dal cielo per qn. (pop.)

▸ Non parlarmi così, lo sai che ruberei le stelle dal cielo per te!

Stern • unter keinem guten Stern stehen

nascere sotto cattivi auspici

▸ Il suo progetto è nato sotto cattivi auspici, non credo che riuscirà a realizzarlo.

Stich • jmd im Stich lassen

piantare qn. in asso (pop.)

▸ Ha tradito suo marito e l'ha piantato in asso lasciandolo solo con i loro due figli.

Stier • den Stier bei den Hörnern packen 42

prendere il toro per le corna (pop.)

▸ Certe volte è meglio prendere il toro per le corna, altrimenti i problemi non si risolvono.

Stimme • die Stimmen mehren sich, dass ...

Gira voce che ... / Si dice che ...

stinken • Mir stinkt's.

Ne ho le scatole piene. (volg.) / Sono stufo. (pop.)

FF: Mi puzza: Da ist was faul!

Stirn • jmd die Stirn bieten

tener testa a qn.

▸ È stato difficile tenergli testa, aveva degli argomenti veramente validi.

Stirn • jmd steht etwas auf der Stirn geschrieben

aver una cosa scritta in fronte (pop.), leggere qc. in faccia a qn. (pop.)

▸ È inutile che dici bugie, ti si legge in faccia che sei stata tu!

stopfen • jmd den Mund stopfen

chiudere il becco a qn. (pop.), tappare / cucire la bocca a qn. (pop.)

▸ Se non la finisci di lamentarti ti cucio la bocca!

Strich • auf den Strich gehen

battere il marciapiede (pop.)

▸ Batte il marciapiede per guadagnarsi da vivere.

Stube • Herein in die gute Stube!

Avanti! / Accomodati! / Si accomodi!

Stuhl • zwischen zwei Stühlen sitzen

essere fra due fuochi (pop.)

▸ Sua moglie vuole una vacanza tranquilla e gli amici l'hanno invitato per un Safari, è veramente fra due fuochi perché vorrebbe andare con gli amici, ma non vuole deludere la moglie.

Süßholz • Süßholz raspeln

fare il cascamorto (pop.)

▸ È tutta la sera che il tuo amico fa il cascamorto con me! Perché non gli dici di smetterla di disturbarmi?

43

Tacheles • mit jmd Tacheles reden

dire chiaro e tondo a qn. (pop.)

▸ Gli ho detto chiaro e tondo che ho bisogno di quei soldi, sicuramente domani me li porterà.

Tat • jmd auf frischer Tat ertappen

cogliere qn. in flagrante (pop.) / sul fatto (pop.), prendere / beccare qn. in castagna (pop.), pescare qn. con le mani nel sacco (pop.)

▸ Sono entrata e ho visto i ragazzi bere il whisky, li ho beccati in castagna!

Taubenschlag • Es geht hier zu wie im Taubenschlag.

È un porto di mare.

Teppich • Nun bleib mal auf dem Teppich!

Ragiona! / Sii realistico! / Rimani con i piedi per terra! (pop.)

Tier • ein hohes (großes) Tier sein

essere un pezzo grosso (pop.)

▸ Suo padre è un pezzo grosso nella nostra città.

Tisch • reinen Tisch machen

far piazza pulita (pop.)

▸ Abbiamo parlato con molta sincerità ed abbiamo fatto finalmente piazza pulita di tutti i malintesi.

Ton • der gute Ton

le buone maniere

▸ Le buone maniere ci insegnano a non usare il telefonino al ristorante.

Tränendrüse • auf die Tränendrüse drücken

strappare le lacrime (pop.), Substantiv + strappa lacrime (pop.)

▸ «P.S. Ich liebe Dich» è un vero film strappa lacrime.

Treue • auf Treu und Glauben

in buona fede

▸ Ha pagato in buona fede con quella banconota non sapendo che fosse falsa.

Tropfen • ein Tropfen auf einen heißen Stein

una goccia nel mare (pop.)

▸ La situazione è catastrofica e gli aiuti sono come una goccia nel mare per i contadini alluvionati.

Trumpf • alle Trümpfe in der Hand halten

avere il coltello dalla parte del manico (pop.)

▸ Non hai speranze, non riuscirai ad ottenere niente perché sono io ad avere il coltello dalla parte del manico!

Tüpfelchen • das Tüpfelchen auf dem i

la ciliegina sulla torta (pop.)

▸ È come la ciliegina sulla torta, dopo quella bellissima vacanza ci hanno confermato quel lavoro tanto atteso.

Tür • offene Türen einrennen

sfondare porte aperte (pop.)

▸ Non devi persuadere me della bontà di questo progetto perché la penso come te, tu sfondi una porta aperta.

Tuten • von Tuten und Blasen keine Ahnung haben

non capire un'acca (pop.), non capirci un tubo (pop.), non averne un'idea (pop.), non capirci niente

▸ Ho letto le istruzioni tre volte, ma non ci capisco niente!

44 **Uhr • seine Uhr ist abgelaufen**

Ha i giorni contati. (pop.) / E' venuta la sua ora. (pop.) / La sua ora è suonata. (pop.)

▸ Non ci sarà molto da aspettare, la sua ora è suonata!

ungesund • Allzu viel ist ungesund.

Il troppo stroppia. (prov.)

unten • nicht mehr wissen, was unten und oben (wo hinten und vorne) ist

non sapere che pesci pigliare (pop.)

▸ Ho una montagna di problemi e non so che pesci pigliare.

unverhofft • Unverhofft kommt oft. (prov)

Le cose capitano quando meno si aspettano. (prov.)

Ursache • Keine Ursache!

Non c'è di che! (pop.)

45

Vater • Wie der Vater, so der Sohn. (prov)
Tale il padre, tale il figlio. (prov.)

Versuchskaninchen • ein Versuchskaninchen sein
fare da cavia (pop.)
▸ Non potevano rischiare così tanto, avevano bisogno che qualcuno facesse da cavia.

vier • auf allen vieren
a quattro zampe, carponi (pop.)
▸ Non so che razza di gioco stessero facendo, ma li trovai tutti e quattro carponi in giro per la stanza che ridevano come dei matti.

Vogel • Friss Vogel, oder stirb!
Prendere o lasciare! (prov.) / O mangiar questa minestra o saltar quella finestra! (prov.) / O bere o affogare! (prov.)

46 **wagen • Wer wagt, gewinnt. (prov)**
Chi non risica non rosica. (prov.)

Wahl • keine Wahl haben
non avere scelta
▶ Non avevamo scelta, dovevamo andare per forza con loro.

Wahl • Wer die Wahl hat, hat die Qual. (prov)
C'è solo l'imbarazzo della scelta. (pop.)

währen • Was lange währt, wird gut. (prov)
Chi la dura la vince. (prov.) / Chi va piano va sano e va lontano. (prov.)

Wand • jmd an die Wand stellen
mettere qn. con le spalle al muro (pop.)
▶ Non avrebbe mai voluto chiudere il bar, ma le banche l'hanno messa con le spalle al muro.

Wäsche • seine schmutzige Wäsche in der Öffentlichkeit waschen
lavare i (propri) panni sporchi in piazza (pop.)
▶ È inutile che laviamo i panni sporchi in piazza, appena torneremo a casa ne discuteremo.

waschecht • ein waschechter (Berliner) sein
Beispiel mit Römer: essere un romano d.o.c. (pop.) / autentico / puro, essere un vero romano, essere un romano verace
▶ Ha un dialetto talmente forte che quando parla si sente subito che è un vero romano.

Waschlappen • ein Waschlappen sein

essere una pasta frolla (pop.) / pappa molle (pop.)

▶ Quello lì è proprio un pappa molle, non riesce neanche a difendere la sua sorellina.

Wasser • Das ist Wasser auf seine / unsere Mühle.

Questo è acqua al suo mulino. (pop.)

Wasser • Bis dahin fließt noch viel Wasser die Spree (ersetzbar durch beliebigen Flussnamen) hinunter.

Ne passerà di acqua sotto i ponti. (pop.)

Wasser • jmd läuft das Wasser im Munde zusammen

a qn. viene l'acquolina in bocca (pop.)

▶ A vedere quella porchetta in vetrina dal macellaio le venne l'acquolina in bocca.

Wasser • jmd nicht das Wasser reichen können

non arrivare alle caviglie di qn. (pop.)

▶ È talmente brava nel suo lavoro che nessuno riesce ad arrivarle alle caviglie.

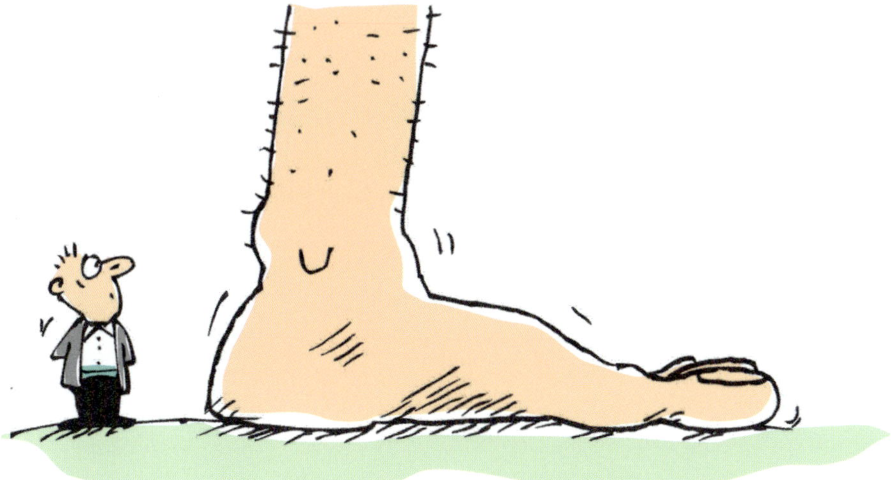

Wecker • jmd auf den Wecker gehen (fallen)
dare sui nervi a qn. (pop.), rompere le scatole a qn. (volg.)
▸ Le sue continue domande mi danno sui nervi.

Weg • jmd aus dem Weg räumen / schaffen
togliere di mezzo qn. (pop.)
▸ Era diventato un testimone troppo scomodo, quindi decisero di toglierlo di mezzo.

Wein • jmd reinen Wein einschenken
dire pane al pane e vino al vino (pop.)
▸ Guarda, te lo dico pane al pane e vino al vino, non sei per niente tagliato per fare questo lavoro!

47 **Weißglut • jmd zur Weißglut bringen**
mandare qn. in bestia (pop.) / su tutte le furie (pop.)
▸ Quando si comporta così mi manda su tutte le furie.

weiter • und so weiter und so fort
e via dicendo / discorrendo (pop.), e compagnia bella (pop.), e così via (pop.)
▸ Mio nonno mi raccontava sempre dei vecchi tempi: della sua gioventù, della guerra e via discorrendo ...

Westentasche • etwas wie seine Westentasche kennen
conoscere qc. come le proprie tasche (pop.)
▸ Conosco quella città come le mie tasche, ci vivo da quando sono nata.

Wille • Wo ein Wille ist, ist auch ein Weg. (prov)
Volere è potere. (prov.)

Wille • beim besten Willen nicht

neanche per idea (pop.), non c'è verso (pop.)

▶ Non c'era verso di fargli cambiare idea, voleva fare come voleva lui.

Wimper • ohne mit der Wimper zu zucken

senza batter ciglio (pop.), senza fare una piega (pop.)

▶ Ha firmato un assegno da milioni senza batter ciglio, deve essere ricco sfondato.

windelweich • jmd windelweich schlagen

picchiare qn. di santa ragione (pop.)

▶ Quei teppisti hanno picchiato di santa ragione il custode che li ha sorpresi a rubare.

Windmühle • gegen Windmühlen ankämpfen

combattere contro i mulini a vento (pop.)

▶ Passò tutta la sua vita a combattere contro i mulini a vento, tutta fatica sprecata.

Woge • wenn sich die Wogen geglättet haben

quando si saranno calmate le acque (pop.)

▸ Quando si saranno calmate le acque, torneremo qui per venire a prendere il bottino nascosto.

Wolf • ein Wolf im Schafspelz sein

essere un lupo in veste d'agnello (pop.)

▸ Quell'avvocato ha un aspetto tanto tranquillo, ma è un lupo in veste d'agnello, perché in tribunale è senza scrupoli.

Wolke • aus allen Wolken fallen

cadere / cascare dalle nuvole (pop.)

▸ Quando mio marito mi ha confessato di avere un amante da tre anni, sono caduta dalle nuvole.

Wunde • den Finger auf die / (in die offene) Wunde legen

mettere il dito nella piaga (pop.)

▸ È inutile che metti il dito nella piaga, lo so che ho sbagliato e sto tentando di rimediare.

wurst • Das ist mir wurst / wurscht!

Das interessiert mich nicht: **Non me ne potrebbe fregare di meno! (pop.) / Me ne importa un fico secco! (pop.) / Non m'interessa! (pop.)**

Für mich ist es egal: **Per me è lo stesso! (pop.)**

Wurzel • Wurzeln schlagen

mettere radici (pop.)

▸ Avevo l'intenzione di rimanere solo qualche mese, ma poi ho messo radici e ho comprato casa in Italia.

X-Beine • X-Beine haben

48

avere le gambe a x (pop.)

▸ Con quelle gambe a x farebbe meglio a non mettersi la minigonna!

X-mal

cento / mille volte

zum x-ten Mal: per l'ennesima volta

▸ Ho provato mille volte a chiamarlo, ma non ha risposto al telefono.

49 **Zack • auf Zack sein**

schlagfertig sein: avere la battuta pronta (pop.)

▸ Irene non la fregherai mai, ha sempre la battuta pronta.

fähig sein: essere in gamba (pop.)

▸ Non cambierei mai il commercialista. Il mio è veramente in gamba e riesce a farmi risparmiare molti soldi.

Zahn • die Zähne zeigen

mostrare i denti / le zanne (pop.), tirare fuori le unghie (pop.)

▸ È venuto il momento di mostrare i denti, altrimenti tutti continueranno ad approfittare di te.

Zahn • die Zähne zusammenbeißen

stringere i denti (pop.)

▸ Era giunto il momento di stringere i denti, ormai il traguardo era vicino.

zaubern • Ich kann doch nicht zaubern!

Non posso mica far miracoli! (pop.)

Zeit • Alles zu seiner Zeit!

Tutto a suo tempo! (pop.) / Tutto a tempo debito. (pop.)

Zeit • Kommt Zeit, kommt Rat. (prov)

Se son rose fioriranno. (prov.)

Zeit • jmd die Zeit stehlen

rubare il tempo a qn.

▸ Il moderatore non voleva rubare tempo al protagonista della serata, quindi fece una brevissima presentazione.

zeitlich • das Zeitliche segnen

passare a miglior vita

▸ È inutile che cerchi il vecchio Peppino, è passato a miglior vita tre anni fa.

Zelt • seine Zelte abbrechen

levare le tende (pop.)

▸ Era giunto il momento di levare le tende, ormai la festa era giunta al capolinea.

Zeug • das Zeug zu etwas haben 50

avere la stoffa di qc.

▸ Ha la stoffa del campione.

Zeug • sich ins Zeug legen

bei der Arbeit: **rimboccarsi le maniche (pop.), darci dentro (pop.)**

▸ Se vogliamo finire il lavoro in tempo dobbiamo rimboccarci le maniche.

jmd / etwas unterstützen: **farsi in quattro per qn. (pop.)**

▸ E' una persona squisitamente gentile, si fa sempre in quattro per tutti.

Zins • jmd etwas mit Zins und Zinseszins zurückgeben / zurückzahlen

ripagare con gli interessi

▸ Questa volta ci avete battuti, ma nella prossima partita vi ripagheremo con gli interessi.

zuerst • Wer zuerst kommt, mahlt zuerst. (prov)

Chi prima arriva bene alloggia. (prov.)

negativ: **Chi tardi arriva mal alloggia. (prov.)**

Zunge • Es liegt mir auf der Zunge.

Ce l'ho sulla punta della lingua. (pop.)

Zwang • Tu dir keinen Zwang an!

Non fare complimenti!

▸ Non fare complimenti, se devi andare non ti trattengo!

Zweig • auf keinen grünen Zweig kommen

non cavare un ragno da un buco (pop.)

▸ Stavo leggendo le istruzioni per la terza volta, ma non riuscivo a cavarne un ragno da un buco.

zweimal • sich etwas nicht zweimal sagen lassen

non farselo dire due volte

▸ Quando gli offrirono quel viaggio non se lo fece dire due volte e corse a casa per fare le valigie.

Zwickmühle • in einer Zwickmühle sein

trovarsi fra l'incudine e il martello

▸ Mi trovavo fra l'incudine e il martello, in ufficio avevano bisogno di me, mentre a casa avevo mio figlio che stava male.

1 Wählen Sie die richtige Alternative.

1. Stamattina per un ◯ capello / ◯ pelo non ho perso l'aereo.
2. Mia sorella vuole diventare famosa ad ogni ◯ costo / ◯ prezzo.
3. Di punto in ◯ nero / ◯ bianco Marta ha lasciato suo marito.
4. La decisione è stata presa su due ◯ gambe / ◯ piedi.
5. La restaurazione ci costerà ad occhio e ◯ croce / ◯ pollice 50.000 €.
6. L'altra ◯ parte / ◯ faccia della medaglia dell'e-commerce è che distrugge l'attività di piccoli commercianti, anche se è comodo ricevere la merce a casa.

2 Wählen Sie die richtige Übersetzung.

1. avere mano libera
   - ◯ frei schalten und walten können
   - ◯ jemanden in der Hand haben
2. tener testa a qualcuno
   - ◯ ihm/ihr ist es zu Kopf gestiegen
   - ◯ jemandem die Stirn bieten
3. prendere qualcosa sottogamba
   - ◯ die Beine in die Hand nehmen
   - ◯ etwas auf die leichte Schulter nehmen
4. dare una mano
   - ◯ jemandem etwas geben
   - ◯ jemandem helfen
5. essere in gamba
   - ◯ fähig sein
   - ◯ schnell sein
6. metterci l'anima
   - ◯ mit dem Herzen dabei sein
   - ◯ sich etwas von der Seele reden

Übungen

3 Ergänzen Sie mit dem fehlenden Wort: Die markierten Buchstaben ergeben die Teile einer Redensart.

1. Facciamo una passeggiata? Devo sgranchirmi le … .
   ☐ ___ ___ ___ ___
2. Lucia è sul … di guerra con il suo ex-datore di lavoro.
   ___ ☐ ___ ___ ___
3. Lontano dagli occhi lontano dal … . ___ ___ ☐ ___ ___
4. A caval donato non si guarda in … . ___ ___ ☐ ___ ___
5. Giorgio, devo parlarti a quattr'… . ☐ ___ ___ ___ ___
6. A volte bisogna stringere i … e portare pazienza. ☐ ___ ___ ___ ___
7. Ho bisogno di una pausa, mi fuma la … . ___ ___ ___ ___ ☐

Lösung: È un ___ ___ ___ ___ ___ ___ ___ ragazzi! =
Es ist ein Kinderspiel!

4 Finden Sie die fehlenden Begriffe im Wortgitter.

S	A	N	G	U	E	Z	O
Y	M	R	U	N	F	P	C
O	L	I	N	G	U	A	C
P	L	O	G	H	O	L	H
C	O	N	P	I	E	D	I
A	H	C	S	E	P	S	O
P	F	A	M	E	O	F	T
O	R	E	C	C	H	I	U

1. È inutile fasciarsi il … prima di rompersela.
2. Nelle situazioni difficili ci vuole calma e … freddo!
3. Anna non ha peli sulla … , dice quello che pensa.
4. I sandali con le calze sono un pugno in un … .
5. Dai, racconta! Sono tutto … !
6. Non farti sottomettere, tira fuori le … !
7. Nonostante il successo è rimasto con i … per terra.

5 Ergänzen Sie mit dem passenden Körperteil.

1. Marco si è montato la ________________.
2. Le cose possono cambiare in un batter d'________________.
3. Si è presentato alla cena a ________________ vuote.
4. I ladri sono fuggiti a ________________ levate.
5. È il ________________ destro del capo dell'azienda.
6. Tieni la ________________ chiusa, non dirlo a nessuno!
7. Mi sono tolto un peso dal ________________ raccontandole il mio segreto.

6 Tragen Sie die fehlenden Begriffe ins Kreuzworträtsel ein.

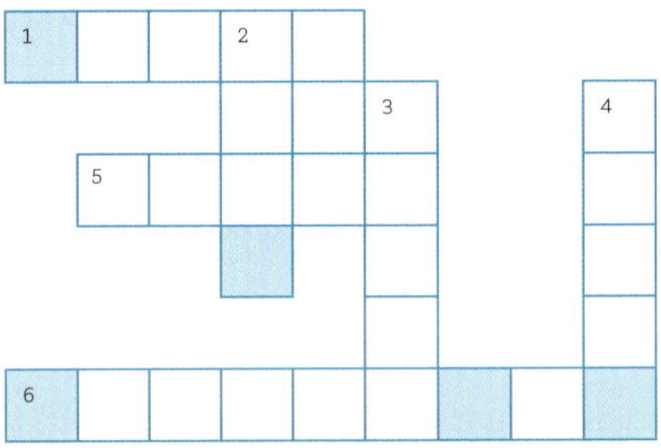

Lösung: dare in

___ ___ ___ ___ ___

ai leoni = den Wölfen zum Fraß vorwerfen

Orizzontale

1. Tuo fratello è una ... al piede. La prossima volta lascialo a casa!
5. Francesco è bello, simpatico e gentile, ma non è uno stinco di ... .
6. Quasi tutti hanno uno ... nell'armadio, un segreto inconfessabile...

Verticale

2. Ti sei svegliata con la ... di traverso?
3. Tu e tua sorella vi assomigliate come due ... d'acqua.
4. Scherzando con il ... , prima o poi ci si scotta.

Übungen

7 Ergänzen Sie die Wendungen mit den angegebenen Farben. Attenzione: ein Wort ist zu viel!

verde | blu | bianco | azzurro | verde | rosso | verde

1. Come nelle fiabe, Silvia aspetta il principe ______________.
2. Questo mese ho speso troppo, sono al ______________.
3. Per coltivare le piante grasse non ci vuole il pollice ______________!
4. Da bambino avevo una fifa ______________ dell'acqua e odiavo il mare.
5. È proprio vero che l'erba del vicino è sempre più ______________.
6. Quando apprese la notizia, diventò ______________ come un lenzuolo.

8 Ergänzen Sie mit der richtigen Präposition.

1. Spesso le baby-sitter lavorano ______ nero senza alcun contratto.
2. Quell'uomo fa fatica ad arrivare a fine mese, è povero ______ canna.
3. Grazie a una vincita milionaria il signor Carli fa una vita ______ papi.
4. Antonio ha 38 anni e si fa mantenere ancora ______ sua madre.
5. Non startene ______ le mani ______ mano. Vieni ad aiutarmi!
6. Ti piace questo comò? L'ho comprato ______ quattro soldi a un mercatino.
7. Stasera Maurizio non esce perché è ______ corto di denaro.

9 Kreuzen Sie an, ob die Definitionen *vero* (wahr) oder *falso* (falsch) sind.

	vero	*falso*
1. "Avere le tasche vuote" significa "non avere soldi".	○	○
2. "Tirare la cinghia" significa "dimagrire".	○	○
3. Un ficcanaso è una persona molto curiosa.	○	○
4. "Mandare in bestia" significa "far felice una persona".	○	○
5. Un volpone è una persona molto furba.	○	○
6. Se sei "alle strette", sei in una situazione critica.	○	○
7. "Avere la stoffa" significa "avere soldi".	○	○

10 Ergänzen Sie die Wendungen mit den angegebenen Tieren. Attenzione: ein Wort ist zu viel!

pavone allocco topo capra acciuga pecora cane pesce

1. Alessio mangia un sacco, eppure è magro come un'____________.
2. Marco legge tantissimo: è un ____________ di biblioteca.
3. Chiara è vanitosa come un ____________.
4. Giovanni non ha molti amici, è sempre solo come un ____________.
5. Cristina è la ____________ nera della famiglia.
6. Non startene lì come un ____________ a guardare. Vieni ad aiutarmi!
7. Non ti preoccupare, sarò muto come un ____________.

Übungen

11 Tragen Sie die fehlenden Tiere ins Kreuzworträtsel ein.

Orizzontale

1. Ho una fame da ... !
3. Ho un freddo ... .
5. Sputa il ... !
6. Alex non farebbe male a una ... .
7. A pensarci mi viene la pelle d'... .

Verticale

2. Dopo la visita dall'ottico possiamo passare al supermercato così prendiamo due ... con una fava.
5. Dopo ore di riunione non siamo riusciti a cavare un ... dal buco.
4. Sono indeciso: non so proprio che ... pigliare.

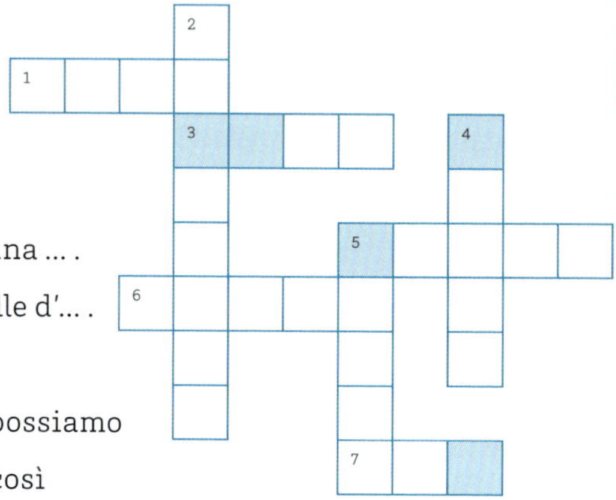

Lösung: salvare ___ ___ ___ ___ ___ e cavoli = soddisfare esigenze diverse

12 Ergänzen Sie die Wendungen mit den angegebenen Tieren.

asino agnello can cavallo gatta

1. Campa ____________ che l'erba cresce.
2. Non svegliare il ____________ che dorme.
3. Qui ____________ ci cova!
4. È qui che casca l'____________!
5. Quell'uomo è un lupo in veste d'____________!

13 Finden Sie die fehlenden Begriffe im Wortgitter.

X	T	Y	M	R	U	F	F
R	U	O	U	O	L	S	D
O	R	O	L	O	G	I	O
Z	C	E	O	I	C	C	V
D	O	R	P	C	S	F	P
A	D	A	F	A	M	E	O
X	E	S	R	N	E	M	L
V	E	R	M	E	P	C	I

1. Il ragazzo di Maria è brutto come la … .
2. Valerio, fumi come un … !
3. Alex è testardo come un … .
4. Che figura! Ho visto il mio coinquilino nella doccia, nudo come un … .
5. Il signor Freddi arrivò all'appuntamento puntuale come un … svizzero.
6. Su di lui posso contare: è fedele come un … .

14 Verbinden Sie die linke mit der rechten Spalte.

1. Il lupo perde il pelo,	a. senza arrosto.
2. Can che abbaia	b. va sano e va lontano.
3. Non c'è fumo	c. mezzo gaudio.
4. Se non è zuppa	d. ma non il vizio.
5. Mal comune	e. è pan bagnato.
6. Chi va piano	f. fioriranno.
7. Se son rose	g. dente per dente.
8. Occhio per occhio,	h. non morde.

Übungen

15 Übersetzen Sie folgende Sätze.

1. Non ho la più pallida idea di cosa fare dopo la laurea.

   ____

2. Ieri sera Alessia ci ha dato buca e non è venuta al concerto.

   ____

3. Mariella è una pettegola, non si fa mai gli affari suoi!

   ____

4. Come si chiama quel regista? Accidenti, ce l'ho sulla punta della lingua!

   ____

5. Sabato Elia ha alzato il gomito e alla fine della serata era ubriaco fradicio.

   ____

16 Welche Präposition fehlt? Ergänzen Sie und übersetzen Sie.

1. perdere ________ vista ______________________________
2. essere ________ pezzi ______________________________
3. stare ________ dio ______________________________
4. piantare ________ asso ______________________________
5. fare ________ cavia ______________________________
6. andare ________ ruba ______________________________

17 Verbinden Sie die Redewendungen mit dem Synonym.

1. lasciarci le penne
2. essere un coniglio
3. togliere di mezzo
4. non chiudere occhio
5. essere cotto
6. venire al mondo

a. non dormire
b. essere molto stanco
c. morire
d. nascere
e. avere paura
f. uccidere

18 Wählen Sie die richtige Übersetzung.

1. Süßholz raspeln
   - ◯ fare il pagliaccio
   - ◯ fare il cascamorto
2. ins Graß beißen
   - ◯ tirare le cuoia
   - ◯ fare i salti mortali
3. aus dem letzten Loch pfeifen
   - ◯ essere rotto
   - ◯ essere alla frutta, non farcela più
4. jemanden in der Hand haben
   - ◯ dare una mano
   - ◯ tenere in pugno
5. den Braten riechen
   - ◯ avere fiuto per qualcosa
   - ◯ mangiare la foglia
6. Eindruck schinden
   - ◯ fare bella figura
   - ◯ fare una figuraccia

Übungen

19 Wählen Sie die richtige Alternative.

1. Il locale è conosciuto per i suoi prezzi ◯ salati / ◯ pepati.
2. Da dieci anni mando avanti ◯ la barca / ◯ la baracca da solo.
3. Aveva lo sguardo terrorizzato e tremava come ◯ un foglio / ◯ una foglia.
4. Senza tanti giri di parole vengo subito ◯ al quindi / ◯ al dunque.
5. Quel dolce fa venire ◯ l'acquolina / ◯ l'acquerello in bocca solo a guardarlo.
6. Matteo ha fatto ◯ la corte / ◯ il cortile a tutte le colleghe dell'ufficio.
7. Il giorno del mio matrimonio ero al ◯ sesto / ◯ settimo cielo.

20 Ergänzen Sie mithilfe der Anagramme in Klammern.

1. Carlo ha sempre la (TUBATTA) ___ ___ ___ ___ ___ ___ ___ pronta per ogni occasione.
2. Non gettare la (PANGUS) ___ ___ ___ ___ ___ ___ davanti al primo ostacolo.
3. Stai solo sprecando il (ATOFI) ___ ___ ___ ___ ___ con lui. Fa sempre ciò che vuole.
4. È difficile rompere il (GOCCIAHI) ___ ___ ___ ___ ___ ___ ___ ___ al primo appuntamento.
5. Con il suo discorso ha fatto (PAZZIA) ___ ___ ___ ___ ___ ___ pulita di ogni dubbio.

21 Ergänzen Sie die Redewendungen mit der „besseren Hälfte".

porci | martello | camicia | ossa | salvo | coda | tondo

1. Sono tornato a casa sano e ________________.
2. Marta e Chiara sono inseparabili: sono culo e ________________.
3. Per il suo compleanno Carlo ha invitato cani e ________________.
4. È un ragazzino magro, tutto pelle e ________________.
5. Gli ho detto chiaro e ________________ ciò che penso di lui.
6. Questo articolo non è molto coerente, non ha né capo né ________________.
7. Il Ministro del Lavoro si trova fra l'incudine e il ________________.

22 Verbinden Sie die Redewendungen mit der Übersetzung.

1. rimboccarsi le maniche	a. sich kein Bein ausreißen
2. prendersela comoda	b. ein blutiger Laie sein
3. essere sfinito	c. die Beine in die Hand nehmen
4. essere alle prime armi	d. jemanden um die Ecke bringen
5. tagliare la corda	e. sich ins Zeug legen
6. freddare qualcuno	f. hundemüde sein

Übungen

23 Wählen Sie die richtige Alternative.

1. In bocca al lupo per l'esame!
   - ◯ Crepi!
   - ◯ Grazie!
2. Basta, non ti sopporto più ...
   - ◯ sei un volpone!
   - ◯ sei un rompiscatole!
3. Gli affari vanno bene. Tocchiamo ...
   - ◯ ferro che continuino così.
   - ◯ legno che continuino così.
4. Ho vinto 10.000 € alla lotteria!
   - ◯ Che sfiga!
   - ◯ Che culo!
5. Ho un colloquio di lavoro ...
   - ◯ incrocia le dita per me!
   - ◯ gira i pollici per me!

24 Ergänzen Sie mithilfe der Anagramme in Klammern.

1. Dai, non fare di ogni erba un (FIASCO) ☐ ___ ___ ___ ___ ___.
   Non tutti gli italiani sono spericolati al volante.
2. Penso che tu abbia fatto i conti senza l' (ESTO) ___ ___ ___ ☐.
3. Non lo troveremo! È come cercare un ago in un (PLAGIOAI)
   ___ ___ ☐ ___ ___ ___ ___ ___.
4. Questa volta hai esagerato. Hai tirato troppo la (CARDO)
   ___ ___ ___ ___ ☐!
5. La realizzazione del progetto si è rivelata una (TEBOT)
   ___ ___ ☐ ___ ___ senza fondo.
6. A volte mi sembra di combattere contro i mulini a (TENVO)
   ___ ___ ___ ___ ☐.

Lösung: avere ___ ___ ___ ___ ___ ___ = avere coraggio

25 Wählen Sie die richtige Erklärung.

1. avere una rotella fuori posto
   - ◯ non funzionare bene
   - ◯ essere matto
2. mettere i bastoni fra le ruote
   - ◯ ostacolare
   - ◯ facilitare
3. stare al fresco
   - ◯ riposarsi
   - ◯ essere in prigione
4. vuotare il sacco
   - ◯ confessare, dire ciò che si sa
   - ◯ spendere tutti i soldi
5. farsi il mazzo
   - ◯ non fare nulla
   - ◯ lavorare sodo
6. stare sulla stessa barca
   - ◯ continuare un lavoro
   - ◯ essere in una situazione simile

26 Tragen Sie die fehlenden Begriffe ins Kreuzworträtsel ein.

Orizzontale

4. tirare un bidone, dare il due di ...
6. promettere il ... in terra

Verticale

1. Un amore del passato, una vecchia ...
2. fare l'occhio languido, fare gli occhi ...
3. rubare le ... dal cielo per qualcuno
5. corteggiare, fare il ...

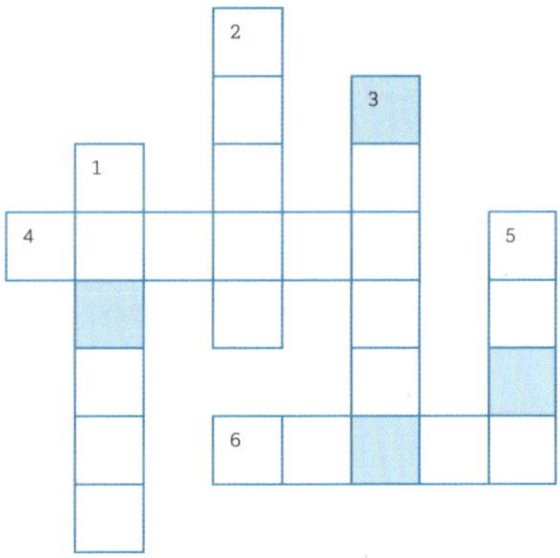

Lösung: avere poco ___ ___ ___ ___ in zucca = essere poco intelligenti

Übungen

27 Übersetzen Sie folgende Sätze.

1. Tua madre vuole venire con noi in vacanza? Te lo puoi scordare!

   ____

2. Ho fatto una gaffe quando le ho chiesto di suo marito. È morto da poco!

   ____

3. La polizia brancola nel buio, non ha ancora individuato il colpevole.

   ____

4. Il governo tira per le lunghe l'approvazione della legge sulle pensioni.

   ____

5. La storia con Marco è un capitolo chiuso. Ci ho messo una pietra sopra.

   ____

28 Wählen Sie die richtige Alternative.

1. La musica è il suo ◯ ago / ◯ chiodo fisso.
2. L'inverno è passato in un ◯ lampo / ◯ tuono e la primavera è alle porte.
3. Il Taj Mahal è stata la ◯ panna / ◯ ciliegina sulla torta del nostro viaggio.
4. Questo libro è scritto ◯ da cani / ◯ da gatti.
5. Sul nostro sito c'è solo ◯ il tormento / ◯ l'imbarazzo della scelta.
6. Non prendere per ◯ argento / ◯ oro colato tutto ciò che dicono in TV.

29 Ergänzen Sie und finden Sie die Lösung.

1. È uno smidollato, un tipo senza __ ☐ __ __ __ dorsale.
2. Dopo le 8 di sera in paese non c'è un'__ __ ☐ __ __ viva.
3. Il viaggio come esperienza spirituale è il __ __ __ ☐ conduttore del romanzo.
4. Lucia abita in capo al ☐ __ __ __ __ .
5. Il risultato del progetto urbano si è rivelato un ☐ __ __ __ nell'acqua.
6. Fa' attenzione a Carlo. È scaltro e ne sa una più del __ __ __ __ __ __ ☐.

Lösung: andare con i piedi di __ __ __ __ __ __ = procedere con prudenza

30 Verbinden Sie die linke mit der rechten Spalte.

1. L'occasione fa	a. brodo.
2. L'eccezione conferma	b. il can che dorme.
3. Chi prima arriva	c. la regola.
4. Tutto fa	d. quel che finisce bene.
5. Tutto è bene	e. l'uomo ladro.
6. Non svegliare	f. bene alloggia.

Übungen

31 Ergänzen Sie mit dem passenden Körperteil. Attenzione: ein Wort ist zu viel!

bocca naso stomaco orecchie bocca mano labbra

1. Come fai a sopportare Chiara? A me sta proprio sullo ______________.
2. Dopo quello che è successo Fabio è sulla ______________ di tutti in paese.
3. Quando Marta parla, tutti pendono dalle sue ______________.
4. Zitto o ti cucio la ______________!
5. Non sono mica stupido! Non mi faccio prendere per il ______________ da te!
6. Non è una persona affidabile. Per lui non metterei la ______________ sul fuoco.

32 Kreuzen Sie an, ob die Definitionen *vero* (wahr) oder *falso* (falsch) sind.

	vero	*falso*
1. Un novellino è una persona con molta esperienza.	○	○
2. "Levare le tende" significa "andarsene".	○	○
3. "Girare alla larga" significa "tenersi lontano".	○	○
4. "Scavarsi la fossa" significa "morire".	○	○
5. Un ruffiano è un leccapiedi.	○	○
6. Se un vestito ti "sta a pennello", non è la taglia giusta.	○	○

1 1. pelo 2. costo 3. bianco 4. piedi 5. croce 6. faccia

2 1. frei schalten und walten können 2. jemandem die Stirn bieten 3. etwas auf die leichte Schulter nehmen 4. jemandem helfen 5. fähig sein 6. mit dem Herzen dabei sein.

3 1. gambe 2. piede 3. cuore 4. bocca 5. occhi 6. denti 7. testa
Lösung: gioco di

4 1. capo 2. sangue 3. lingua 4. occhio 5. orecchi 6. unghie 7. piedi.

S	A	N	G	U	E	Z	O
Y	M	R	U	N	F	P	C
O	L	I	N	G	U	A	C
P	L	O	G	H	O	L	H
C	O	N	P	I	E	D	I
A	H	C	S	E	P	S	O
P	F	A	M	E	O	F	T
O	R	E	C	C	H	I	U

5 1. testa 2. occhio 3. mani 4. gambe 5. braccio 6. bocca 7. cuore

6 **Lösung:** pasto

1 P	A	L	2 L	A				
			U		3 G			4 F
	5 S	A	N	T	O			U
			A		C			O
					C			C
6 S	C	H	E	L	E	T	R	O

7 1. azzurro 2. verde 3. verde 4. blu 5. verde 6. bianco

8 1. in 2. in 3. da 4. da 5. con, in 6. per 7. a

9 1. vero 2. falso 3. vero 4. falso 5. vero 6. vero 7. falso

10 1. acciuga 2. topo 3. pavone 4. cane 5. pecora 6. allocco 7. pesce
Capra ist zu viel.

11 1. lupi 3. cane 5. rospo 6. mosca 7. oca 2. piccioni 5. ragno 4. pesci
Lösung: capra

			2 P							
1 L	U	P	I							
			3 C	A	N	E		4 P		
			C					E		
			I			5 R	O	S	P	O
		6 M	O	S	C	A		C		
			N			G		I		
			I			N				
						7 O	C	A		

12 1. cavallo 2. can 3. gatta 4. asino 5. agnello

13 1. fame 2. turco 3. mulo 4. verme 5. orologio 6. cane

X	T	Y	M	R	U	F	F
R	U	O	U	O	L	S	D
O	R	O	L	O	G	I	O
Z	C	E	O	I	C	C	V
D	O	R	P	C	S	F	P
A	D	A	F	A	M	E	O
X	E	S	R	N	E	M	L
V	E	R	M	E	P	C	I

14 1. d. 2. h. 3. a. 4. e. 5. c. 6. b. 7. f. 8. g.

Lösungen

15 1. Ich habe keinen blassen Dunst, was ich nach dem Abschluss machen werde. 2. Gestern Abend hat Alessia uns einen Korb gegeben und sie ist nicht zum Konzert mitgekommen. 3. Mariella ist eine Klatschtante, sie kümmert sich nie um ihre eigenen Angelegenheiten! 4. Wie heißt der Regisseur? Verdammt, mir liegt sein Name auf der Zunge! 5. Letzten Samstag hat Elia zu tief in den Becher geguckt und am Ende des Abends war er voll wie eine Haubitze.

16 1. di, aus den Augen verlieren 2. a, fix und fertig 3. da, sich pudelwohl fühlen 4. in, jemanden sitzen lassen 5. da, ein Versuchskaninchen sein 6. a, weggehen wie warme Semmeln

17 1. c. 2. e. 3. f. 4. a. 5. b. 6. d.

18 1. fare il cascamorto 2. tirare le cuoia 3. essere alla frutta, non farcela più 4. tenere in pugno 5. mangiare la foglia 6. fare bella figura

19 1. salati 2. la baracca 3. una foglia 4. al dunque 5. l'acquolina 6. la corte 7. settimo

20 1. battuta 2. spugna 3. fiato 4. ghiaccio 5. piazza

21 1. salvo 2. camicia 3. porci 4. ossa 5. tondo 6. coda 7. martello

22 1. e. 2. a. 3. f. 4. b. 5. c. 6. d.

23 1. Crepi! 2. sei un rompiscatole! 3. ferro che continuino così. 4. Che culo! 5. incrocia le dita per me!

24 1. fascio 2. oste 3. pagliaio 4. corda 5. botte 6. vento **Lösung:** fegato

25 1. essere matto 2. ostacolare 3. essere in prigione 4. confessare, dire ciò che si sa 5. lavorare sodo 6. essere in una situazione simile

26 4. picche 6. cielo 1. fiamma 2. dolci 3. stelle 5. filo
Lösung: sale

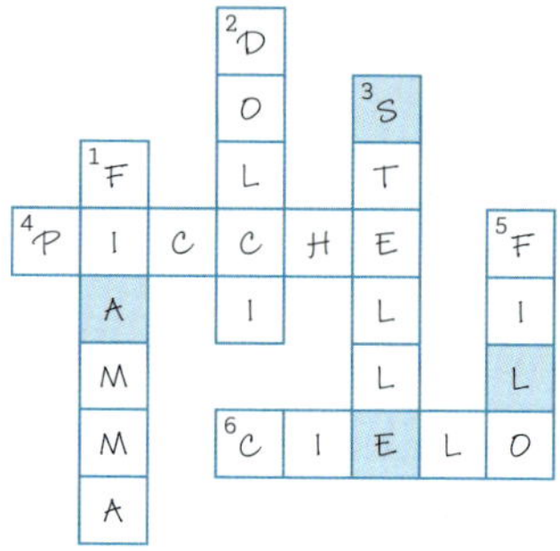

27 1. Deine Mutter will mit uns in den Urlaub kommen? Das kannst du dir abschminken. 2. Ich bin ins Fettnäppchen getreten, als ich sie nach ihrem Ehemann fragte. Er ist vor Kurzem gestorben! 3. Die Polizei tappt im Dunkeln, sie hat den Täter noch nicht gefunden. 4. Die Regierung schiebt die Verabschiedung des Rentengesetzes auf die lange Bank. 5. Die Affäre mit Marco ist ein abgeschlossenes Kapitel. Ich habe Gras darüber wachsen lassen.

28 1. chiodo 2. lampo 3. ciliegina 4. da cani 5. l'imbarazzo 6. oro

29 1. spina 2. anima 3. filo 4. mondo 5. buco 6. diavolo **Lösung:** piombo

30 1. e. 2. c. 3. f. 4. a. 5. d. 6. b.

31 1. stomaco 2. bocca 3. labbra 4. bocca 5. naso 6. mano Orecchie ist zu viel.

32 1. falso 2. vero 3. vero 4. falso 5. vero 6. falso

Register

T

U

V

Clever lernen!

Häppchenweise üben statt stunden-lang pauken. Spaß und Lernerfolg mit kleinen Übungen für zwischendurch.

Bildnachweis © Getty Images/iStock/Brainsil

Italienisch – Übungen für zwischendurch

Buch (240 Seiten)
Format: 14,80 x 20,80 cm, kartoniert
ISBN 978-3-19-207912-2

- Wortschatz, Idiomatik und Grammatik gezielt trainieren
- Abwechslungsreiches Üben zum Beispiel mit Kreuzworträtseln und Multiple-Choice-Aufgaben
- Mit Vokabeln zu jeder Übung
- Lustige Cartoons lockern den Lernstoff auf

Auch lieferbar für die Sprachen Englisch, Französisch und Spanisch

www.hueber.de/italienisch-lernen

Hueber